KB220650

點眼儀式集

# 點眼儀式集

점안의식집

各點眼儀式、佛像移運、三寶通請、破佛及經袈裟燒送法

각 점안의식 불상이운 삼보통청 파불급경가사소송법

편집 海沙

# 일러두기

一。 본 의식문은 《眞言集》(15세기 말에서 16세기 초), 《請文》(1529년), 『勸供諸般文』(1574년), 《靈山大會作法節次》(1634년), 《五種梵音集》(1661년), 《大陀羅尼眞言集》(1688년), 《諸般文》(1694년), 《諸般文》(1719년), 《天地冥陽水陸齋儀梵音刪補集》(1721년), 暎月編, 《眞言集》(1800년), 유점사 본《造像經》(1824년), 《作法龜鑑》(1827년), 《請文》(1883년), 《點眼作法》(1919년), 《要集》(년도미상), 安震湖 編, 《釋門儀範》(1931년)에 기록된 점안의식문을 토대로 현행의식문에서 누락된 내용들을 보완하였으며, 《大正藏》에서 진언에 맞는 手印을 찾아내어 보완하였다. 본 의식문과 관련하여 자세한 내용은 해사 저 《불상점안의식 연구》(운주사)를 참고한다면 조금이나마 도움이 되리라 생각한다.

二。 불상점안의식은 복장 이후 「삼화상청」, 「신중작법」, 「점안의식」의 순으로 거행하며, 점안 이후에는 새로 모신 불보살님께 「삼보통청」을 모시고, 「신중권공」과 「화엄시식」을 더불어 거행한다. 만약 불상점안과 더불어 존자나 신중을 같이 점안할 경우 육통과 오통오력을 추가로 점필하면 되나, 그 외 각 점안의식은 불상점안의식 차서와 같이 거행한다.

三。 「신중작법」의 경우 〈예팔금강사보살〉을 대신하여 〈삼십구위〉나 〈일백사위〉로 거행할 수 있다.

# 차례

천수경 ·········································· 九

삼화상청 ····································· 一八

신중작법 ····································· 二五

삼십구위 ····································· 二八

일백사위 ····································· 三六

불상점안 ····································· 五一

삼보통청 ····································· 一〇三

신중권공 ····································· 一二二

화엄시식 ····································· 一二九

조탑점안 ····································· 一四九

나한점안 ····································· 一五一

신중점안 ·························· 一七七

시왕점안 ·························· 一九三

천왕점안 ·························· 二二二

산신점안 ·························· 二三五

가사점안 ·························· 二四八

조전점안 ·························· 二八三

금은전이운 ························ 二九四

불상이운 ·························· 二九七

괘불이운 ·························· 三〇二

파불습경가사소송법 ··············· 三〇六

정구업진언
淨口業眞言

수리수리 마하수리 수수리 사바하 (三遍)

오방내외안위제신진언
五方內外安慰諸神眞言

나무 사만다 못다남 옴 도로도로 지미 사바하 (三遍)

개경게(開經偈)

무상심심미묘법 백천만겁난조우 아금문견득수지 원해여래진실의
無上甚深微妙法 百千萬劫難遭遇 我今聞見得受持 願解如來眞實義

개법장진언
開法藏眞言

옴 아라남 아라다 (三遍)

천수천안관자재보살 광대원만무애대비심대다라니 계청
千手千眼觀自在菩薩 廣大圓滿無碍大悲心大陀羅尼 啓請

계수관음대비주 원력홍심상호신 천비장엄보호지 천안광명변관조
稽首觀音大悲主 願力洪深相好身 千臂莊嚴普護持 千眼光明遍觀照

진실어중선밀어 眞實語中宣密語 무위심내기비심 無爲心內起悲心 속령만족제희구 速令滿足諸希求 영사멸제제죄업 永使滅除諸罪業

천룡중성동자호 天龍衆聖同慈護 백천삼매돈훈수 百千三昧頓薰修 수지신시광명당 受持身是光明幢 수지심시신통장 受持心是神通藏

세척진로원제해 洗滌塵勞願濟海 초증보리방편문 超證菩提方便門 아금칭송서귀의 我今稱誦誓歸依 소원종심실원만 所願從心悉圓滿

나무대비관세음 南無大悲觀世音 원아속지일체법 願我速知一切法

나무대비관세음 南無大悲觀世音 원아조득지혜안 願我早得智慧眼

나무대비관세음 南無大悲觀世音 원아속도일체중 願我速度一切衆

나무대비관세음 南無大悲觀世音 원아조득선방편 願我早得善方便

나무대비관세음 南無大悲觀世音 원아속승반야선 願我速乘般若船

나무대비관세음 南無大悲觀世音 원아조득월고해 願我早得越苦海

나무대비관세음 南無大悲觀世音 원아속득계정도 願我速得戒定道

나무대비관세음 南無大悲觀世音 원아조등원적산 願我早登圓寂山

나무대비관세음 南無大悲觀世音 원아속회무위사 願我速會無爲舍

나무대비관세음 南無大悲觀世音 원아조동법성신 願我早同法性身

아약향도산 我若向刀山 도산자최절 刀山自摧折

아약향화탕 我若向火湯 화탕자소멸 火湯自消滅

10

아약향지옥 我若向地獄

지옥자고갈 地獄自枯渴

아약향수라 我若向修羅

악심자조복 惡心自調伏

나무관세음보살마하살 南無觀世音菩薩摩訶薩

나무천수보살마하살 南無千手菩薩摩訶薩

나무대륜보살마하살 南無大輪菩薩摩訶薩

나무정취보살마하살 南無正趣菩薩摩訶薩

나무수월보살마하살 南無水月菩薩摩訶薩

나무십일면보살마하살 南無十一面菩薩摩訶薩

「나무본사아미타불」 南無本師阿彌陀佛 (三說)

아약향아귀 我若向餓鬼

아귀자포만 餓鬼自飽滿

아약향축생 我若向畜生

자득대지혜 自得大智慧

나무대세지보살마하살 南無大勢至菩薩摩訶薩

나무여의륜보살마하살 南無如意輪菩薩摩訶薩

나무관자재보살마하살 南無觀自在菩薩摩訶薩

나무만월보살마하살 南無滿月菩薩摩訶薩

나무군다리보살마하살 南無軍茶利菩薩摩訶薩

나무제대보살마하살 南無諸大菩薩摩訶薩

# 신묘장구대다라니
### 神妙章句大陀羅尼

나모라 다나 다라 야야 나막 알약 바로기제 새바라야 모디 사

다바야 마하 사다바야 마하 가로 니가야 옴 살바 바예수 다라

나 가라야 다사명 나막 가리다바 이맘 알야 바로기제 새바라

다바 이라간타 나막 하리나야 마발다 이샤미 살발타 사다남 슈

반 아예염 살바 보다남 바바말야 미수다감 다냐타 옴 아로계

아로가 마디로가 디가란제 혜혜 하례 마하모디 사다바 사마라

사마라 하리나야 구로 구로 갈마 사다야 사다야 도로 도로 미

연제 마하 미연제 다라다라 다린나례 새바라 자라자라 마라 미

마라 아마라 몰제 예혜혜 로계 새바라 라아 미사미 나사야 나

볘 사미 나사야 모하 자라 미사미 나사야 호로 호로 마라

호로 하례 바나마 나바 사라 사라 시리 시리 소로소로 못자못

자 모다야 모다야 매다리야 니라간타 가마샤 날사남 바라 하라

나야 마낙 사바하 싣다야 사바하 마하 싣다유예

새바라야 사바하 니라 간타야 사바하 바라하 목카 싱하 목카야

사바하 바나마 하따야 사바하 자가라 욕다야 사바하 샹카 셥나

네 모다나야 사바하 마하라 구타 다라야 사바하 바마 사간타

니샤 시톄다 가릿나 이나야 사바하 먀가라 잘마 니바 사나야

사바하 나모라 다나다라 야야 나막 알약 바로기뎨 새바라야 사

바하 (三遍)

## 사방찬(四方讚)

일쇄동방결도량 이쇄남방득청량 삼쇄서방구정토 사쇄북방영안강
一灑東方潔道場 二灑南方得淸凉 三灑西方俱淨土 四灑北方永安康

## 도량찬(道場讚)

도량청정무하예 삼보천룡강차지 아금지송묘진언 원사자비밀가호
道場淸淨無瑕穢 三寶天龍降此地 我今持誦妙眞言 願賜慈悲密加護

## 참회게(懺悔偈)

아석소조제악업 개유무시탐진치 종신구의지소생 일체아금개참회

我昔所造諸惡業　皆有無始貪瞋癡　從身口意之所生　一切我今皆懺悔

## 참제업장십이존불(懺除業障十二尊佛)

나무참제업장보승장불 南無懺除業障寶勝藏佛

보광왕화염조불 寶光王火燄照佛

일체향화자재력왕불 一切香華自在力王佛

백억항하사결정불 百億恒河沙決定佛

금강견강소복괴산불 金剛堅強消伏壞散佛

보광월전묘음존왕불 寶光月殿妙音尊王佛

환희장마니보적불 歡喜藏摩尼寶積佛

무진향승왕불 無盡香勝王佛

사자월불 獅子月佛

환희장엄주왕불 歡喜莊嚴珠王佛

제보당마니승광불 帝寶幢摩尼勝光佛

진위덕불 振威德佛

## 십악참회(十惡懺悔)

살생중죄금일참회 殺生重罪今日懺悔

투도중죄금일참회 偷盜重罪今日懺悔

사음중죄금일참회 邪淫重罪今日懺悔

망어중죄금일참회 妄語重罪今日懺悔

기어중죄금일참회 綺語重罪今日懺悔

양설중죄금일참회 兩舌重罪今日懺悔

악구중죄금일참회 惡口重罪今日懺悔　탐애중죄금일참회 貪愛重罪今日懺悔　진에중죄금일참회 瞋恚重罪今日懺悔

치암중죄금일참회 癡暗重罪今日懺悔

백겁적집죄 일념돈탕진 百劫積集罪 一念頓蕩盡

여화분고초 멸진무유여 如火焚枯草 滅盡無有餘

죄무자성종심기 심약멸시죄역망 罪無自性從心起 心若滅是罪亦亡

죄망심멸양구공 시즉명위진참회 罪亡心滅兩俱空 是卽名爲眞懺悔

참회진언 懺悔眞言

옴 살바 못자모지 사다야 사바하 (三遍)

준제공덕취 적정심상송 准提功德聚 寂靜心常誦

일체제대난 무능침시인 一切諸大難 無能侵是人

천상급인간 수복여불등 天上及人間 受福如佛等

우차여의주 정획무등등 遇此如意珠 定獲無等等

「나무칠구지불모대준제보살」(三說) 南無七俱肢佛母大准提菩薩

정법계진언

淨法界眞言

옴 남 (三遍)

호신진언

護身眞言

옴 치림 (三遍)

관세음보살본심미묘육자대명왕진언

觀世音菩薩本心微妙六字大明王眞言

옴 마니 반메 훔 (三遍)

준제진언

准提眞言

나무 사다남 삼먁 삼못다 구치남 다냐타 옴

자례주례 준제 사바하 부림 (三遍)

아금지송대준제 我今持誦大准提

즉발보리광대원 卽發菩提廣大願

원아정혜속원명 願我定慧速圓明

원아공덕개성취 願我功德皆成就

원아승복변장엄 願我勝福遍莊嚴

원공중생성불도 願共衆生成佛道

여래십대발원문

如來十大發願文

원아영리삼악도 願我永離三惡道
원아속단탐진치 願我速斷貪瞋癡
원아상문불법승 願我常聞佛法僧
원아근수계정혜 願我勤修戒定慧

원아항수제불학 願我恒隨諸佛學
원아불퇴보리심 願我不退菩提心
원아결정생안양 願我決定生安養
원아속견아미타 願我速見阿彌陀

원아분신변진찰 願我分身遍塵刹
원아광도제중생 願我廣度諸衆生

발사홍서원 發四弘誓願

중생무변서원도 衆生無邊誓願度
번뇌무진서원단 煩惱無盡誓願斷
법문무량서원학 法門無量誓願學
불도무상서원성 佛道無上誓願成

자성중생서원도 自性衆生誓願度
자성번뇌서원단 自性煩惱誓願斷
자성법문서원학 自性法門誓願學
자성불도서원성 自性佛道誓願成

원이발원이 귀명례삼보 願已發願已 歸命禮三寶

「나무상주시방불 南無常住十方佛
나무상주시방법 南無常住十方法
나무상주시방승」 南無常住十方僧 (三說)

## ● 삼화상청(三和尚請)

普召請眞言

보소청진언　나무 보보제리 가리다리 다타 아다야 (三遍)

나무 서천국백팔대조사 제납박타존자 지공대화상
南無 西天國百八代祖師 提納博陀尊者 指空大和尚

나무 고려국공민왕사 보제존자 나옹대화상
南無 高麗國恭愍王師 普濟尊者 懶翁大和尚

나무 조선국태조왕사 묘엄존자 무학대화상
南無 朝鮮國太祖王師 妙嚴尊者 無學大和尚

유치(由致)

앙유 위작증명 삼대법사자 삼혜구족 이리원성 역대심인종하
仰惟 爲作證明 三大法師者 三慧具足 二利圓成 歷代心印宗下

이득밀전지지 시방불사문중 상작증명지위 유구개수 무원부종
已得密傳之旨 十方佛事門中 常作證明之位 有求皆遂 無願不從

18

시이 사바세계 남섬부주 대한민국 주소 모산 모사 청정도량 운운
是以 娑婆世界 南贍部洲 大韓民國 住所 某山 某寺 清淨道場 云云

성취불사지원 이 금월금일 건설정찬 공양증명공덕 삼대존자
成就佛事之願 以 今月今日 虔設淨饌 供養證明功德 三大尊者

잠사어삼관연대 약강어일간난야 곡조미성 성취불사 앙표일심
暫辭於三關蓮臺 略降於一間蘭若 曲照微誠 成就佛事 仰表一心

**선진삼청**
先陳三請

청사(請詞)

나무일심봉청 지증무상 총해만류어일진 비심유정 함탈삼계어
南無一心奉請 智證無相 總該萬類於一眞 悲心有情 咸脫三界於

구품 왕래무애 임운등등 공화도량 수순응감 제납박타존자 지공
九品 往來無碍 任運騰騰 空花道場 隨順應感 提納縛陀尊者 指空

대화상 보제존자 나옹대화상 묘엄존자 무학대화상 유원자비
大和尚 普濟尊者 懶翁大和尚 妙嚴尊者 無學大和尚 惟願慈悲

강림도량 수차공양 (三請)
降臨道場 受此供養

향화청
香華請

가영(歌詠)

지공화상서천호
指空和尚西天號

나옹무학동국명
懶翁無學東國名

유원삼조작증명
惟願三祖作證明

성취불사도중생
成就佛事度衆生

고아일심귀명정례
故我一心歸命頂禮

헌좌진언
獻座眞言

아금경설보엄좌
我今敬設寶嚴座

봉헌삼대화상전
奉獻三大和尚前

원멸진로망상심
願滅塵勞妄想心

속원해탈보리과
速圓解脫菩提果

옴 가마라 승하사바하 (三遍)

정법계진언
淨法界眞言
옴 남 (三遍)

금장감로다
今將甘露茶

감찰건간심
鑑察虔懇心

봉헌증명전
奉獻證明前

원수애납수
願垂哀納受

가지변공(加持變供)

향수나열 제자건성 욕구공양지주원 수장가지지변화 앙유삼보
香羞羅列 齋者虔誠 欲求供養之周圓 須仗加持之變化 仰惟三寶

특사가지
特賜加持

「나무시방불 나무시방법 나무시방승」(三說)
南無十方佛 南無十方法 南無十方僧

무량위덕 자재광명 승묘력 변식진언
無量威德 自在光明 勝妙力 變食眞言

나막 살바다타 아다 바로기제 옴 삼바라 삼바라 훔(三遍)

시감로수진언
施甘露水眞言

나무 소로바야 다타 아다야 다냐타 옴 소로

**일자수륜관진언**
一字水輪觀眞言

옴 밤밤밤밤 (三遍)

소로 바라소로 바라소로 사바하 (三遍)

**유해진언**
乳海眞言

나무 사만다 못다남 옴 밤 (三遍)

**보공양진언**
普供養眞言

옴 아아나 삼바바 바아라 훔 (三遍)

**보회향진언**
普回向眞言

옴 삼마라 삼마라 미만나 사라마하 자그라바 훔 (三遍)

**불설소재길상다라니**
佛說消災吉祥陀羅尼

나모 사만다 못다남 아바라지 하다사 사나남 다냐타 옴 카카 카혜 카혜 훔 훔 아바라 아바라 바라아바라 바라아바라 지따 지리 지리 빠다빠다 선지가 시리예 사바하 (三遍)

**대원성취진언**
大願成就眞言

옴 아모카 살바다라 사다야 시베훔 (三遍)

22

옴 호로호로 사야모켸 사바하 (三遍)

탄백(歎白)

지공화상서천호 指空和尚西天號
나옹무학동국명 懶翁無學東國名
유원삼조작증명 惟願三祖作證明
성취불사도중생 成就佛事度衆生

축원(祝願)

앙고 삼대화상자존 불사자비 위작증명 상래소수공덕해 회향
仰告 三大和尚慈尊 不捨慈悲 爲作證明 上來所修功德海 廻向

삼처실원만 원아금차지극지정성 점안불사 동참발원재자 주지여
三處悉圓滿 願我今此至極之精誠 點眼佛事 同參發願齋者 住持與

시회합원대중등 지심봉위 앙몽삼대화상자존전 소신정원즉 금일
時會合院大衆等 至心奉爲 仰蒙三大和尚慈尊前 所伸情願則 今日

모사 점안불사 원만회향 성취지발원
某寺 點眼佛事 圓滿廻向 成就之發願

연후원 처세간 여허공 여련화 불착수 심청정 초어피 계수례

然後願 處世間 如虛空 如漣花 不着水 心淸淨 超於彼 稽首禮

무상존 구호길상 마하반야바라밀

無上尊 俱護吉祥 摩訶般若波羅密

## ● 신중작법(神衆作法)

옹호게(擁護偈)

팔부금강호도량
八部金剛護道場

공신속부보천왕
空神速赴報天王

삼계제천함래집
三界諸天咸來集

여금불찰보정상
如今佛刹補禎祥

예팔금강사보살(禮八金剛四菩薩)

봉청 청제재금강
奉請 清除灾金剛

유원자비옹호도량
唯願慈悲擁護道場

봉청 황수구금강
奉請 黃隋求金剛

유원자비옹호도량
唯願慈悲擁護道場

봉청 벽독금강
奉請 辟毒金剛

유원자비옹호도량
唯願慈悲擁護道場

봉청 백정수금강
奉請 白淨水金剛

유원자비옹호도량
唯願慈悲擁護道場

봉청 奉請 적성화금강 赤聲火金剛 유원자비옹호도량 唯願慈悲擁護道場

봉청 奉請 정제재금강 定除災金剛 유원자비옹호도량 唯願慈悲擁護道場

봉청 奉請 자현신금강 紫賢神金剛 유원자비옹호도량 唯願慈悲擁護道場

봉청 奉請 대신력금강 大神力金剛 유원자비옹호도량 唯願慈悲擁護道場

봉청 奉請 금강권보살 金剛眷菩薩 유원자비옹호도량 唯願慈悲擁護道場

봉청 奉請 금강삭보살 金剛索菩薩 유원자비옹호도량 唯願慈悲擁護道場

봉청 奉請 금강애보살 金剛愛菩薩 유원자비옹호도량 唯願慈悲擁護道場

봉청 奉請 금강어보살 金剛語菩薩 유원자비옹호도량 唯願慈悲擁護道場

나무 옹호회상 성현중 南無 擁護會上 聖賢衆

가영(歌詠)

옹호성중만허공
擁護聖衆滿虛空

도재호광일도중
都在豪光一道中

신수불어상옹호
信受佛語常擁護

봉행경전영류통
奉行經典永流通

고아일심귀명정례
故我一心歸命頂禮

다게(茶偈)

유기옹호중
唯冀擁護衆

청정명다약
清淨茗茶藥

능제병혼침
能除病昏沈

원수애납수
願垂哀納受

탄백(歎白)

옹호회상제성중
擁護會上諸聖衆

불법문중서원견
佛法門中誓願堅

열입초제천만세
列立招提千萬歲

자연신용호금선
自然神用護金仙

● 삼십구위(三十九位)

팔부금강호도량
八部金剛護道場

공신속부보천왕
空神速赴報天王
천왕
天王

삼계제천함래집
三界諸天咸來集

여금불찰보정상
如今佛剎補禎祥
천왕
天王

상단(上壇)

봉청 관찰무상 소행평등 무수 대자재
奉請 觀察無常 所行平等 無數 大自在
천왕
天王

봉청 개이적정 안주기중 무량 광과
奉請 皆故寂靜 安住其中 無量 廣果
천왕
天王

봉청 광대법문 근작이익 무량 변정
奉請 廣大法門 勤作利益 無量 偏淨
천왕
天王

봉청 광대적정 무애법문 무량 광음
奉請 廣大寂靜 無碍法門 無量 光音
천왕
天王

28

봉청 奉請 개구대자 皆具大慈 연민중생 憐愍衆生 불가사의수 不可思議數 대범 大梵 천왕 天王

봉청 奉請 수습방편 修習方便 광대법문 廣大法門 무수 無數 타화자재 他化自在 천왕 天王

봉청 奉請 조복중생 調伏衆生 영득해탈 令得解脫 무량 無量 화락 化樂 천왕 天王

봉청 奉請 개근념지 皆勤念持 제불명호 諸佛名號 불가사의수 不可思議數 도솔타 兜率陀 천왕 天王

봉청 奉請 개근수습 皆勤修習 광대선근 廣大善根 무량수 無量須 야마 夜摩 천왕 天王

봉청 奉請 개근발기 皆勤發起 일체세간 一切世間 무량 無量 삼십삼 三十三 천왕 天王

봉청 奉請 개근수습 皆勤修習 이익중생 利益衆生 무량 無量 일 日 천자 天子

봉청 奉請 개근현발 皆勤現發 중생심보 衆生心寶 무량 無量 월 月 천자 天子

유원 唯願 신장자비 神將慈悲 옹호도량 擁護道場 성취불사 成就佛事

가영(歌詠)

욕색제천제성중
慾色諸天諸聖衆

소행평등보관찰
所行平等普觀察

고아일심귀명정례
故我一心歸命頂禮

상수불회현자엄
常隨佛會現慈嚴

위구중생무피염
爲求衆生無疲厭

중단(中壇)

봉청 심생신해 환희애중 무량 건달바 왕
奉請 深生信解 歡喜愛重 無量 乾闥婆 王

봉청 무애법문 광대광명 무량 구반다 왕
奉請 無碍法門 廣大光明 無量 鳩槃茶 王

봉청 흥운포우 열뇌제멸 무량 제대 용왕
奉請 興雲布雨 熱惱除滅 無量 諸大 龍王

봉청 개근수호 일체중생 무량 야차 왕
奉請 皆勤守護 一切衆生 無量 夜叉 王

30

봉청 광대방편 영할치망 무량 마후라 王 왕
奉請 廣大方便 永割癡網 無量 摩睺羅

봉청 심항쾌락 자재유희 무량 긴나라 王 왕
奉請 心恒快樂 自在遊戲 無量 緊那羅

봉청 성취방편 구섭중생 불가사의수 가루라 王 왕
奉請 成就方便 救攝衆生 不可思議數 迦樓羅

봉청 실이정근 최복아만 무량 아수라 王 왕
奉請 悉已精勤 摧伏我慢 無量 阿修羅

유원 신장자비 옹호도량 성취불사
唯願 神將慈悲 擁護道場 成就佛事

가영(歌詠)

팔부사왕내부회
八部四王來赴會

개근해탈방편력
皆勤解脫方便力

심항쾌락이무궁
心恒快樂利無窮

섭복군마진위웅
懾伏群摩振威雄

고아일심귀명정례
故我一心歸命頂禮

봉청 奉請 개어묘법 皆於妙法 능생신해 能生信解 무량 無量 주주 主晝 신 神

봉청 奉請 개근수습 皆勤修習 이법위락 以法爲樂 무량 無量 주야 主夜 신 神

봉청 奉請 보방광명 普放光明 항조시방 恒照十方 무량 無量 주방 主方 신 神

봉청 奉請 심개이구 心皆離垢 광대명결 廣大明潔 무량 無量 주공 主空 신 神

봉청 奉請 개근산멸 皆勤散滅 아만지심 我慢之心 무량 無量 주풍 主風 신 神

봉청 奉請 시현광명 示現光明 열뇌제멸 熱惱除滅 무량 無量 주화 主火 신 神

봉청 奉請 상근구호 常勤救護 일체중생 一切衆生 무량 無量 주수 主水 신 神

봉청 奉請 공덕대해 功德大海 충만기중 充滿其中 무량 無量 주해 主海 신 神

32

봉청(奉請) 개근작의(皆勤作意) 이익중생(利益衆生) 무량(無量) 주하(主河) 신(神)

봉청(奉請) 막불개득(莫不皆得) 대희성취(大喜成就) 무량(無量) 주가(主稼) 신(神)

봉청(奉請) 성개이구(性皆離垢) 인자우물(仁慈祐物) 무량(無量) 주약(主藥) 신(神)

봉청(奉請) 개유무량(皆有無量) 가애광명(可愛光明) 불가사의수(不可思議數) 주림(主林) 신(神)

봉청(奉請) 개어제법(皆於諸法) 득청정안(得淸淨眼) 무량(無量) 주산(主山) 신(神)

봉청(奉請) 친근제불(親近諸佛) 동수복업(同修福業) 불세계(佛世界) 미진수(微塵數) 주지(主地) 신(神)

봉청(奉請) 엄정여래(嚴淨如來) 소거궁전(所居宮殿) 불세계(佛世界) 미진수(微塵數) 주성(主城) 신(神)

봉청(奉請) 성취원력(成就願力) 광흥공양(廣興供養) 불세계(佛世界) 미진수(微塵數) 도량(道場) 신(神)

봉청(奉請) 친근여래(親近如來) 수축불사(隨逐不捨) 불세계(佛世界) 미진수(微塵數) 족행(足行) 신(神)

봉청 성취대원 공양제불 불세계 미진수 신중 신
奉請 成就大願 供養諸佛 佛世界 微塵數 身衆 神

봉청 항발대원 공양제불 불세계 미진수 집금강신
奉請 恒發大願 供養諸佛 佛世界 微塵數 執金剛神

유원 신장자비 옹호도량 성취불사
唯願 神將慈悲 擁護道場 成就佛事

가영(歌詠)

품류무변형색별
品類無邊形色別

수기원력현신통
隨其願力現神通

봉행불법상위호
奉行佛法常爲護

이익중생일체동
利益衆生一切同

고아일심귀명정례
故我一心歸命頂禮

다게(茶偈)

청정명다약
清淨茗茶藥

능제병혼침
能除病昏沈

유기옹호중　唯冀擁護衆

원수애납수　願垂哀納受

탄백(歎白)

제석천왕혜감명　帝釋天王慧鑑明

사주인사일념지　四洲人事一念知

애민중생여적자　哀愍衆生如赤子

시고아금공경례　是故我今恭敬禮

# ● 일백사위(一百四位)

상단(上壇)

奉請 여래화현 원만신통 대예적 **금강** 성자
如來化現 圓滿神通 大穢跡 金剛 聖者

奉請 소멸중생 숙재구앙 청제재 **금강**
消滅衆生 宿災舊殃 靑除災 金剛

奉請 파제유정 온황제독 벽독 **금강**
破除有情 瘟瘴諸毒 碧毒 金剛

奉請 주제공덕 소구여의 황수구 **금강**
主諸功德 所求如意 黃隨求 金剛

奉請 주제보장 파제열뇌 백정수 **금강**
主諸寶藏 破除熱惱 白淨水 金剛

奉請 견불신광 여풍속질 적성화 **금강**
見佛身光 如風速疾 赤聲火 金剛

奉請 자안시물 지파재경 정제재 **금강**
慈眼示物 智破災境 定除災 金剛

봉청(奉請) 피견로장 개오중생 자현신 (披堅牢藏 開悟衆生 紫賢神) 금강(金剛)

봉청(奉請) 응물조생 지아성취 대신력 (應物調生 智芽成就 大神力) 금강(金剛)

봉청(奉請) 처어중회 방편 경물권 (處於衆會 方便 警物春) 보살(菩薩)

봉청(奉請) 지달정경 복수 정업색 (智達定境 福修 定業索) 보살(菩薩)

봉청(奉請) 수제중생 현신 조복애 (隨諸衆生 現神 調伏愛) 보살(菩薩)

봉청(奉請) 청정운음 보경 군미어 (淸淨雲音 普警 羣迷語) 보살(菩薩)

봉청(奉請) 동방(東方) 염만다가대 (焰曼怛迦大) 명왕(明王)

봉청(奉請) 남방(南方) 바라이야다가대 (鉢羅抳也怛迦大) 명왕(明王)

봉청(奉請) 서방(西方) 바람마다가대 (鉢納摩怛迦大) 명왕(明王)

봉청 북방
奉請 北方
미거라다가대
尾仡羅怛迦大
명왕
明王

봉청 동북방
奉請 東北方
아좌라나타대
阿左羅曩他大
명왕
明王

봉청 동남방
奉請 東南方
탁기라야대
托枳羅惹大
명왕
明王

봉청 서남방
奉請 西南方
이라능나대
尼羅能拏大
명왕
明王

봉청 서북방
奉請 西北方
마하마라대
摩訶摩羅大
명왕
明王

봉청 하방
奉請 下方
바라반다라대
縛羅播多羅大
명왕
明王

봉청 상방
奉請 上方
오니새 자거라 바리제대
塢尼灑 作仡羅 縛理帝大
명왕
明王

유원 신장자비 옹호도량 성취불사
唯願 神將慈悲 擁護道場 成就佛事

가영(歌詠)

38

금강보검최위웅
金剛寶劒最威雄

일할능최외도봉
一喝能摧外道鋒

변계건곤개실색
遍界乾坤皆失色

수미도탁반공중
須彌倒卓半空中

고아일심귀명정례
故我一心歸命頂禮

중단(中壇)

봉청 사바계주 호령독존 대범
奉請 娑婆界主 號令獨尊 大梵
천왕 天王

봉청 삼십삼천 지거세주 제석
奉請 三十三天 地居世主 帝釋
천왕 天王

봉청 북방호세 대약차주 비사문
奉請 北方護世 大藥叉主 毘沙門
천왕 天王

봉청 동방호세 건달바주 지국
奉請 東方護世 乾闥婆主 持國
천왕 天王

봉청 남방호세 구반다주 증장
奉請 南方護世 鳩般茶主 增長
천왕 天王

39 일백사위

봉청 奉請 서방호세 西方護世 위대룡주 爲大龍主 광목 廣目 천왕 天王

봉청 奉請 백명이생 白明利生 천광파암 千光破暗 일궁 日宮 천왕 天王

봉청 奉請 성주숙왕 星主宿王 청량조야 清凉照夜 월궁 月宮 천자 天子

봉청 奉請 친복마원 親伏魔冤 서위력사 誓爲力士 금강 金剛 천자 天子

봉청 奉請 색계정거 色界頂居 존특지주 尊特之主 마혜수라 摩醯首羅 밀적 密跡

봉청 奉請 이십팔부 二十八部 총영귀신 摠領鬼神 산지 散脂 천왕 天王

봉청 奉請 능여총지 能與摠持 대지혜취 大智慧聚 대변재 大辯才 천왕 天王

봉청 奉請 수기소구 隨基所求 영득성취 令得成就 대공덕 大功德 천왕 天王

봉청 奉請 은우사부 殷憂四部 외호삼주 外護三洲 위태 韋駄 천신 天神

봉청(奉請) 증장출생(增長出生) 발명공덕(發明功德) 견로(堅牢) 지신(地神)

봉청(奉請) 각장수음(覺場垂蔭) 인과호엄(因果互嚴) 보리(菩提) 수신(樹神)

봉청(奉請) 생제귀왕(生諸鬼王) 보호남녀(保護男女) 귀자모(鬼子母) 신(神)

봉청(奉請) 행일월전(行日月前) 구병과란(救兵戈難) 마리지(摩利支) 신(神)

봉청(奉請) 비장법보(秘藏法寶) 주집군룡(主執群龍) 사가라(娑竭羅) 용왕(龍王)

봉청(奉請) 장유음권(掌幽陰權) 위지옥주(爲地獄主) 염마라(閻摩羅) 왕(王)

봉청(奉請) 중성환공(衆星環拱) 북극진군(北極眞君) 자미(紫微) 대제(大帝)

봉청(奉請) 북두제일(北斗弟一) 양명(陽明) 탐랑태(貪狼太) 성군(星君)

봉청(奉請) 북두제이(北斗弟二) 음정(陰精) 거문원(巨門元) 성군(星君)

봉청 북두제삼 진인 녹존정 성군
奉請 北斗弟三 眞人 祿存貞 星君

봉청 북두제사 현명 문곡유 성군
奉請 北斗弟四 玄冥 文曲紐 星君

봉청 북두제오 단원 염정강 성군
奉請 北斗弟五 丹元 廉貞綱 星君

봉청 북두제육 북극 무곡기 성군
奉請 北斗弟六 北極 武曲紀 星君

봉청 북두제칠 천관 파군관 성군
奉請 北斗弟七 天關 破軍關 星君

봉청 북두제팔 통명 외보 성군
奉請 北斗弟八 洞明 外輔 星君

봉청 북두제구 은광 내필 성군
奉請 北斗弟九 隱光 內弼 星君

봉청 상태허정 개덕 진군
奉請 上台虛精 開德 眞君

봉청 중태육순 사공 성군
奉請 中台六淳 司空 星君

봉청 奉請 하태곡생 上台曲生 사록 司祿 성군 星君

봉청 奉請 이십팔수 二十八宿 주천열요 周天列曜 제대 諸大 성군 星君

봉청 奉請 이능장수 以能將手 은섭일월 隱攝日月 아수라 阿修羅 왕 王

봉청 奉請 청정속질 清淨速疾 보혜광명 普慧光明 가루라 迦樓羅 왕 王

봉청 奉請 열의후성 悅意吼聲 섭복중마 攝伏衆魔 긴나라 緊那羅 왕 王

봉청 奉請 승혜장엄 勝慧莊嚴 수미견고 須彌堅固 마후라가 摩睺羅伽 왕 王

유원 唯願 신장자비 神將慈悲 옹호도량 擁護道場 성취불사 成就佛事

가영(歌詠)

범왕제석사천왕 梵王帝釋四天王　불법문중서원견 佛法門中誓願堅

열입초제천만세
列立招提千萬歲

고아일심귀명정례
故我一心歸命頂禮

자연신용호금선
自然神用護金仙

하단(下壇)

봉청 이십오위 만사길상 호계 대신
奉請 二十五位 萬事吉祥 護戒 大神

봉청 일십팔위 내호정법 복덕 대신
奉請 一十八位 內護正法 福德 大神

봉청 차일주처 보덕정화 토지 대신
奉請 此一住處 普德淨華 土地 大神

봉청 장엄도량 수호만행 도량 신
奉請 莊嚴道場 守護萬行 道場 神

봉청 수호섭지 일체필추 가람 신
奉請 守護攝持 一切苾蒭 伽藍 神

봉청 보부법계 주변함용 옥택 신
奉請 普覆法界 周遍含容 屋宅 神

| 봉청 (奉請) | 봉청 (奉請) | 봉청 (奉請) | 봉청 (奉請) | 봉청 (奉請) | 봉청 (奉請) | 봉청 (奉請) | 봉청 (奉請) | 봉청 (奉請) |
|---|---|---|---|---|---|---|---|---|
| 중묘궁전 (眾妙宮殿) | 운우등윤 (雲雨等潤) | 성취묘경 (成就妙粳) | 서제부정 (誓除不淨) | 이진탁열 (離塵濯熱) | 만덕고승 (萬德高勝) | 검찰인사 (檢察人事) | 적집무변 (積集無邊) | 광대영통 (廣大靈通) |
| 광명파암 (光明破暗) | 발생만물 (發生萬物) | 선전무이 (旋轉無已) | 보결중생 (普潔眾生) | 보생환희 (保生歡喜) | 성개한적 (性皆閑寂) | 분명선악 (分明善惡) | 청정복업 (清淨福業) | 출입무애 (出入無碍) |
| 주화 (主火) | 주수 (主水) | 대애 (碓磑) | 청칙 (圓厠) | 주정 (主井) | 주산 (主山) | 주조 (主竈) | 주정 (主庭) | 문호 (門戶) |
| 신 (神) | 신 (神) | 신 (神) | 신 (神) | 신 (神) | 신 (神) | 신 (神) | 신 (神) | 신 (神) |

봉청 奉請
견리자재 堅利自在
밀염승일 密焰勝日
주금 主金
神 신

봉청 奉請
탁간서광 攫幹舒光
생아발요 生芽發耀
주목 主木
神 신

봉청 奉請
생성주지 生成住持
심지만덕 心地萬德
주토 主土
神 신

봉청 奉請
보관세업 普觀世業
영단미혹 永斷迷惑
주방 主方
神 신

봉청 奉請
증고제액 拯苦濟厄
십이유생 十二類生
토공 土公
神 신

봉청 奉請
운행사주 運行四洲
기진한서 紀陳寒暑
연직방위 年直方位
神 신

봉청 奉請
파암장물 破暗藏物
능랭능열 能冷能熱
일월시직 日月時直
神 신

봉청 奉請
광흥공양 廣興供養
치무량불 值無量佛
광야 廣野
神 신

봉청 奉請
원리진구 遠離塵垢
구함만덕 具含萬德
주해 主海
神 신

봉청 법하유주 윤익군품 주하
奉請 法河流注 潤益群品 主河 神신

봉청 보흥운당 리구향적 주강
奉請 普興雲幢 離垢香積 主江 神신

봉청 위광특달 분치열후 도로
奉請 威光特達 分置列堠 道路 神신

봉청 엄정여래 소거궁전 주성
奉請 嚴淨如來 所居宮殿 主城 神신

봉청 포화여운 묘광형요 초훼
奉請 布花如雲 妙光逈曜 草卉 神신

봉청 성취묘향 증장정기 주가
奉請 成就妙香 增長精氣 主稼 神신

봉청 표격운당 소행무애 주풍
奉請 飄擊雲幢 所行無碍 主風 神신

봉청 수제업보 시리다반 주우
奉請 隨諸業報 施利多般 主雨 神신

봉청 어주섭화 행덕항명 주주
奉請 於晝攝化 行德恒明 主晝 神신

봉청 (奉請) 도인혜명 (導引慧明) 영지정로 (令知正路) 주야 (主夜) 神신

봉청 (奉請) 무량위의 (無量威儀) 최상장엄 (最上莊嚴) 신중 (身衆) 神신

봉청 (奉請) 친근여래 (親近如來) 수축불사 (隨逐不捨) 족행 (足行) 神신

봉청 (奉請) 장판수요 (掌判壽天) 사명 (司命) 神신

봉청 (奉請) 밀정자량 (密定資糧) 사록 (司祿) 神신

봉청 (奉請) 좌종주동 (左從注童) 장선 (掌善) 神신

봉청 (奉請) 우축주동 (右逐注童) 장악 (掌惡) 神신

봉청 (奉請) 행벌행병 (行罰行病) 이위 (二位) 大대神신

봉청 (奉請) 온황고채 (瘟瘟痼療) 이위 (二位) 大대神신

봉청 奉請

이의삼재 오행 二儀三才 五行 대신 大神

봉청 奉請

음양조화 부지명위 일체호법 선신영기등중
陰陽造化 不知名位 一切護法 善神靈祇等衆

유원 唯願

신장자비 옹호도량 성취불사
神將慈悲 擁護道場 成就佛事

가영(歌詠)

옹호성중만허공 擁護聖衆滿虛空

도재호광일도중 都在豪光一道中

신수불어상옹호 信受佛語常擁護

봉행경전영류통 奉行經典永流通

고아일심귀명정례 故我一心歸命頂禮

다게(茶偈)

청정명다약 清淨茗茶藥

능제병혼침 能除病昏沈

유기옹호중 唯冀擁護衆　　　원수애납수 願垂哀納受

탄백(歎白)

제석천왕혜감명 帝釋天王慧鑑明　　　사주인사일념지 四洲人事一念知

애민중생여적자 哀愍衆生如赤子　　　시고아금공경례 是故我今恭敬禮

● 불상점안(佛像點眼)

(轉鐘七搥 鳴螺三旨 鳴鈸一宗 次喝香)

할향(喝香)

전단목주중생상
梅檀木做衆生像

급여여래보살형
及與如來菩薩形

만면천두수각리
萬面千頭雖各異

약문훈기일반향
若聞薰氣一般香

연향게(燃香偈)

원차향연역여시
願此香煙亦如是

변시방찰상분복
遍十方刹常芬馥

계정혜해지견향
戒定慧解知見香

훈현자타오분신
熏現自他五分身

할등(喝燈)

달마전등위계활 達磨傳燈爲計活　종사병촉작가풍 宗師秉燭作家風

등등상속방불멸 燈燈相續方不滅　대대유통진조종 代代流通振祖宗

연등게(燃燈偈)

보리심등조법계 菩提心燈照法界　조제군생원성불 照諸群生願成佛

대원위주대비유 大願爲炷大悲油　대사위화삼법취 大捨爲火三法聚

아아훔 阿阿吽

할화(喝花)

모란화왕함묘유 牧丹花王含妙有　작약금예체분방 芍藥金藥體芬芳

함담홍련동염정 菡萏紅蓮同染淨　갱생황국상후신 更生黃菊霜後新

52

아금신해선근력
我今信解善根力

불법승보가지력
佛法僧寶加持力

급여법계연기력
及與法界緣起力

소수선사원원만
所修善事願圓滿

※ 약례 시 삼지 심(지심신례 불타야 양족존、지심신례 달마야 이욕존、지심신례 승가야 중중존)。

삼귀의(三歸依)

불찬(佛讚)

자재치성여단엄
自在熾盛與端嚴

명칭길상급존귀
名稱吉祥及尊貴

여시육덕개원만
如是六德皆圓滿

응당총호바가범
應當摠號薄伽梵

지심신례 불타야 양족존
志心信禮 佛陀耶 兩足尊

삼각원 만덕구 천인아 조어사 아아훔 범성대자부 종진계 등응지
三覺圓 萬德具 天人阿 調御師 阿阿吽 凡聖大慈父 從眞界 等應持

비화보 수궁아 삼제시 횡변시방처 진법뇌명법고 광부아권실교
悲化報 竪窮阿 三際時 橫偏十方處 震法雷鳴法鼓 廣敷阿權實教

아아훔 대개방편로 약귀의 능소멸지옥고
阿阿吽 大開方便路 若歸依 能消滅地獄苦

법찬(法讚)

본사본생역방광
本事本生亦方廣

미증비유병논의
未曾譬喻幷論議

계경응송여수기
契經應頌與授記

풍송자설급연기
諷誦自說及緣起

지심신례 달마야 이욕존
志心信禮 達摩耶 離欲尊

보장취옥함축 결집아 어서역 아아훔 번역전동토 조사홍 현철판
寶藏聚玉函軸 結集阿 於西域 阿阿吽 飜譯傳東土 祖師弘 賢哲判

성장소 삼승아 분돈점 오교정종취 귀신흠용천호 도미아 표월지
成章疏 三乘阿 分頓漸 五教正宗趣 鬼神欽龍天護 導迷阿 標月指

아아훔 제열침감로 약귀의 능소멸아귀고
阿阿吽 除熱斟甘露 若歸依 能消滅餓鬼苦

승찬(僧讚)

등지삼현병사과 等地三賢幷四果

무색성중현색성 無色聲中現色聲

보살성문연각승 菩薩聲聞緣覺僧

대비위체이군생 大悲爲體利群生

지심신례 승가야 중중존
志心信禮 僧伽耶 衆中尊

오덕사륙화려 이생아 위사업 아아훔 홍법시가무 피요진 상연좌
五德師六和侶 利生阿 爲事業 呵呵吽 弘法是家務 避擾塵 常宴坐

적정처 차신아불취의 충장채신우 발항룡석해호 법등아 상변조
寂靜處 遮身阿拂氃衣 充腸菜莘芋 鉢降龍錫解虎 法燈阿 常徧照

아아훔 조인상전부 약귀의 능소멸방생고
呵呵吽 祖印相傳付 若歸依 能消滅傍生苦

(繞匝、鳴鈸)

합장게(合掌偈)

합장이위화 合掌以爲花

신위공양구 身爲供養具

성심진실상 誠心眞實相

찬탄향연부 讚歎香烟覆

고향게(告鄕偈)

유원삼보대자비 唯願三寶大慈悲

향연변부삼천계 香烟遍覆三千界

문차신향임법회 聞此信香臨法會

정혜능개팔만문 定慧能開八萬門

상부개계(詳夫開啓)

상부 수함청정지공 향유보훈지덕 고장법수 특훈묘향 쇄사법연
詳夫 水舍淸淨之功 香有普熏之德 故將法水 特熏妙香 灑斯法筵

성우정토 成于淨土

쇄수게(灑水偈)

관음보살대의왕
觀音菩薩大醫王

감로병중법수향
甘露瓶中法水香

쇄락마운생서기
灑濯魔雲生瑞氣

소제열뇌획청량
消除熱惱獲淸凉

복청게(伏請偈)

복청대중 동음창화 신묘장구 대다라니
伏請大衆 同音唱和 神妙章句 大陀羅尼

천수(千手)

※ 법회에 모인 대중들은 다 같이 세 편 풍송하고, 다른 한 쪽에서는 범음이 탁자 앞에 진입하여 향을 꽂는다. 왼손은 물에 담긴 그릇을 들고, 오른손으로는 버드나무 가지를 잡고 물을 찍어 떨어뜨리고 향에 훈하는 의식을 세 번 한다. 그리고는 그 물을 세 번 저어서 뿌린다. 그런 다음 법당을 한 바퀴 돌고, 그 다음에는 정중을 한 바퀴 돌며, 마지막으로는 낭외를 한 바퀴 돈다. 그리고 삼변정토에 비교하여 법당 안을 세 바퀴 도는 것도 가능하다.

신묘장구대다라니
神妙章句大陀羅尼

나모라 다나 다라 야야 나막 알약 바로기데 새바라야 모디 사다

바야 마하 사다바야 마하 가로 니가야 옴 살바 바예수 다라나

가라야 다사명 나막 가리다바 이맘 알야 바로기제 새바라 다바

이라간타 나막 하리나야 마발다 이샤미 살발타 사다남 슈반 아

예염 살바 보다남 바바말아 미수다감 다냐타 옴 아로계 아로가

마디로가 디가란데 혜혜 하례 마하모디 사다바 사마라 사마라

하리나야 구로 구로 갈마 사다야 사다야 도로 도로 미연제 마

하미연제 다라다라 다린나례 새바라 자라자라 마라 미마라 아

마라 몰뎨 예혜혜 로계 새바라 라아 미사미 나사야 나볘 사미

사미 나사야 모하 자라 미사미 나사야 호로 마라 호로 하

례 바나마 나바 사라 시리 시리 소로소로 못자못자 모다

야 모다야 매다리야 니라간타 가마샤 날사남 바라 하라 나야

마낙 사바하 싣다야 사바하 마하 싣다야 사바하 싣다유예 새바

라야 사바하 니라 간타야 사바하 바라하 목카 싱하 목카야 사

바하 바나마 하따야 사바하 자가라 옥다야 사바하 샹카 셥나녜

모다나야 사바하 마하라 구타 다라야 사바하 바마 사간타 니샤

시뎨다 가릿나 이나야 사바하 먀가라 잘마 니바 사나야 사바하

나모라 다나다라 야야 나막 알약 바로기뎨 새바라야 사바하 (三遍)

사방찬(四方讚)

일쇄동방결도량
一灑東方潔道場

이쇄남방득청량
二灑南方得淸凉

삼쇄서방구정토
三灑西方俱淨土

사쇄북방영안강
四灑北方永安康

엄정게(嚴淨偈)

도량청정무하예
道場淸淨無瑕穢

삼보천룡강차지
三寶天龍降此地

아금지송묘진언
我今持誦妙眞言

원사자비밀가호
願賜慈悲密加護

참회게(懺悔偈)

아석소조제악업　　개유무시탐진치
我昔所造諸惡業　　皆由無始貪瞋癡

종신구의지소생　　일체아금개참회
從身口意之所生　　一切我今皆懺悔

연비(燃臂)

참회진언
懺悔眞言

백겁적집죄　　일념돈탕진　　여화분고초　　멸진무유여
百劫積集罪　　一念頓蕩盡　　如火焚枯草　　滅盡無遺餘

옴 살바 못자 모지 사다야 사바하 (三七遍)

멸죄인 먼저 오른손 대지로써 중지 손톱 위를 눌러 나머지 세 손가락을 곧게 펴 좌우도 똑같이 한다. 오른손 대지손톱으로써 왼손 대지손톱 위를 누르고 심장 앞에 바로 대며 진언을 송한다.

60

## 개법장진언
開法藏眞言

옴 아라남 아라다 (三遍)

**견실심합장인** 두 손바닥이 닿도록 합장한다.

## 화취진언
火聚眞言

옴 살바바바 보타나 하나 바아라야 사바하 (百八遍)

※ 증명법사는 불상이 마치 하나의 불덩이 같다고 관상하고 불상에 백개자를 던진다.

**견실심합장인** 두 손바닥이 닿도록 합장한다.

## 도량결계 (道場結界)

앙고 시방 무진삼보 천지일체 허공현성 불사자비 허수낭감
仰告 十方 無盡三寶 天地一切 虛空賢聖 不捨慈悲 許垂朗鑑

금차지자 시금강지 아금욕립 점안도량 개비밀교 난사의법문
今此地者 是金剛地 我今欲立 點眼道場 開秘密敎 難思議法門

고아결계 호지불법 선신왕등 급여일체 천지영기 수의이주

故我結界 護持佛法 善神王等 及與一切 天地靈祇 隨意而住

**정지진언**
淨地眞言

옴 나유바아다 살바달마 (三遍)

觀念離塵法
관념이진법

卽以定慧水
즉이정혜수

潔淨器世間
결정기세간

**적광화장인**
寂光華藏印

**연화합장인**

일체법의 먼지와 때를 멀리 여읠 것을 관하며, 연꽃이 핀 듯 두 손바닥을 합한다.

옴 소리마리 마마리 소소마리 사바하 (三遍)

**해예진언**
解穢眞言

오추사마해예법인 두 손의 소지를 손바닥 안에서 서로 얽고 두 손의 무명지와 중지, 두지를 곧게 세워 서로 붙인 다음, 두 손의 대지는 손바닥 안의 두 손의 소지 위에 놓고 손목을 합친다.

## 정삼업진언 淨三業眞言

쌍슬장궤이 雙膝長跪已 합장허심주 合掌虛心住 성심진진설 誠心盡陳說 삼업일체죄 三業一切罪

아종과거세 我從過去世 유전어생사 流傳於生死 금대대성존 今對大聖尊 진심이참회 盡心而懺悔

여선불소참 如先佛所懺 아금역여시 我今亦如是 원승가지력 願承加持力 중생실청정 衆生悉清淨

이차대경고 以此大敬故 자타획무구 自他獲無垢

옴 사바바바 수다 살바달마 사바바바 수도함 (三遍)

## 연화합장

일체 유정의 본성이 본래 청정하나 모진 객진에 덮여 진여를 깨닫지 못함을 생각하고 관찰하라. 이 때문에 이 삼밀가지를 설하는 것이며, 자타로 하여금 청정함을 얻게 한다.

## 도향진언 塗香眞言

진언행보살 응당선수습 도향편도수 부용소향훈
眞言行菩薩 應當善修習 塗香遍塗手 復用燒香熏

옴 바아라 언제 혹 (三遍)

도향인 오른손의 다섯 손가락을 곧바로 세우고、손바닥은 바깥을 향하게 하며、왼손으로 오른쪽 팔을 잡는다。

## 정법계진언
淨法界眞言

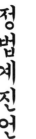

옴 바아라 언제 혹 (三遍)

라자색선백 공점이엄지 여피계명주 치지어정상
羅字色鮮白 空點以嚴之 如彼髻明珠 置之於頂上

진언동법계 무량중죄제 일체촉예처 당가차자문
眞言同法界 無量衆罪除 一切觸穢處 當加此字門

나무 사만다 못다남 람 (三遍)

## 금강합장인

열 손가락을 합하여 그 첫 마디를 교차하여 세운다。이것은 수행자가 본존에 대한 공경과 견고한 믿음을 나타낸다고 하여 歸命合掌이라고도 한다。

## 개단진언
開壇眞言

옴 바아라 노아로 다가다야 삼마야 바라베 사야 훔 (三遍)

## 건단진언 建壇眞言

개문인 먼저 두 손으로 나란히 금강권을 결하고 오른손 두지와 왼손의 두지를 서로 우러르듯 받친다. 오른손의 소지와 왼손의 소지는 어긋나가 서로 갈고리를 걸듯이 하고 오른손의 두지와 왼손의 두지로 법단의 문을 연다.

옴 난다난다 나지나지 난다바리 사바하 (三遍)

## 결계진언 結界眞言

작단인 두 손은 각각 금강권을 짓고 오른손의 두지와 왼손의 두지, 오른손의 소지와 왼손의 소지는 서로 갈고리처럼 꺾어서 이 인을 몸 앞에 두는데 즉, 허공계에 두루 대만다라를 이룬다.

옴 마니미아예 다라다라 훔훔 사바하 (三遍)

결계인 대지를 제외한 두 손의 네 손가락을 서로 갈고리처럼 걸고, 오른손으로 왼손을 갈고리처럼 걸게 되면, 두 대지는 무명지 위에서 붙인다.

## 부동존진언

不動尊眞言

혹이부동존 성변일체사 호신처영정 결제방등계

或以不動尊 成辨一切事 護身處令淨 結諸方等界

나모 사만다 바아라남 전나 마하 로사나 살바

다야훔 다라다 함맘 (三遍)

부동검인 마음을 비워 두 손은 합장하고 둘째손가락은 각 중지 뒤에 안치하여 두 대지와 병합

한다. 이 가지로 말미암아 자신이 金剛甲胄를 이루어 일체 천마가 능히 침범하지 못한다.

## 호신피갑진언

護身被甲眞言

용시엄신고 제마위소장 급여악심류 도지함사산

用是嚴身故 諸魔爲所障 及與惡心類 觀之咸四散

옴 바아라 아니바라 입다야 사바하 (三遍)

피갑호신인 양 소지와 무명지는 오른쪽으로 왼쪽을 눌러 안에서 서로 교차시키고、두 중지는

바로 세워 끝을 서로 버티고、두지는 구부려 갈고리처럼 하여 중지의 등을 붙이되 서로 붙지 않게 하며、양 대지는 모두 세워 무명지에 꼭 붙인다。

**항마진언**
降魔眞言

※ 증명법사는 새로 조성된 불상에 팥을 뿌린다。

아이금강삼등방편 我以金剛三等方便
신승금강반월풍륜 身乘金剛半月風輪

단상구방남자광명 壇上口放喃字光明
소여무명소적지신 燒汝無明所積之身

역칙천상공중지하 亦勅天上空中地下
소유일체작제장난 所有一切作諸障難

불선심자개래호궤 不善心者皆來胡跪
청아소설가지법음 聽我所說加持法音

사제포악역지심 捨諸暴惡悖逆之心
어불법중함기신심 於佛法中咸起信心

옹호도량역호시주 擁護道場亦護施主
강복소재 降福消災

옴 소마니 소마니 훔 하리한나 하리한나 훔 하리한나 바나야

훔 아나야혹 바아밤 바아라 훔바탁 (三遍)

**항삼세인** 왼손위에 오른손을 올리고 소지를 서로 걸고 두지는 세운다。 몸에서 위력 있는 불꽃을 발하고 여덟 개의 팔이 사면으로써 날카로운 牙를 세우고 진동하는 훔자는 우레와 같다고 관상하며 정수리 위에서 오른쪽으로 돌아 결계를 이룬다。

## 발보리심진언
發菩提心眞言

묘보리심여의보 妙菩提心如意寶
능만제원멸진로 能滿諸願滅塵勞

삼매지념유차생 三昧智念由此生
시고아금근수호 是故我今勤守護

능발소발병발사 能發所發幷發事
여시삼발여향염 如是三發如響焰

원공법계제중생 願共法界諸衆生
동발무상보리심 同發無上菩提心

옴 모지지다 모다 바나야 믹 (三遍)

**금강박인** 두 손의 열 손가락을 밖으로 서로 깍지를 끼고 오른손으로 왼손을 누르며 손가락 끝을 손등에 붙인다。 보리심을 맑게 하기 위해서 월륜을 관하여 보리심을 증득하라。

執杵眞言
## 집저진언

옴 바아라 건제 혹 (三遍)

금강저인 오른손으로 금강저를 잡고 우로 돌려 가슴 앞에 이르고 다시 로 가슴 앞에 든다。 세 번 회전한다。 다음에 세 번 당겨서 흔들고 훔자를 세 번 송한다。 가로

執鈴眞言
## 집령진언

옴 바아라 건다 훔 (三遍)

금강령인 왼손으로 금강령을 잡고 주먹을 쥐어서 흔드는 형세를 지어서 인을 이룬다。

動鈴眞言
## 동령진언

※ 동령진언시 증명법사는 요령을 울려준다。

이차진령전법어
以此振鈴傳法語

시방불찰보문지
十方佛刹普聞知

원차영성변법계
願此鈴聲徧法界

무변불성함래집
無邊佛聖咸來集

옴 바아라 건다도 샤야 훔 (三遍)

진령인 오른쪽에는 금강저를 들고 왼쪽에는 금강령을 들고 마음으로 성해탈에 들어가 반야의 이치를 관조하라.

불부소청진언
佛部召請眞言

불지광대동허공
佛智廣大同虛空

보변일체중생심
普遍一切衆生心

실요세간제망상
悉了世間諸妄想

불기종종이분별
不起種種異分別

나모 사만다 못다남 옴 다라아다 나바바야

사바하 (七遍)

70

불부삼매야인 두 손의 열 손가락을 위로 한 채 앞을 향해 곧게 펴서 나란히 엮을 서로 붙이고, 두지의 위쪽 마디를 약간 구부린다. 인은 마땅히 마음에 두고, 여래의 삼십이상 팔십종호를 생각하며 마치 눈앞에 대하듯이 명료하고 분명하게 하고 지심으로 진언을 일곱 번 지송한다.

## 연화부소청진언
蓮華部召請眞言

인이대비청정수　섭취억념제중생
仁以大悲淸淨手　攝取憶念諸衆生
영어일체액난중　획득금강안온락
令於一切厄難中　獲得金剛安穩樂
나모 사만다 못다남 옴 바나마 바바야 사바하 (七遍)

연화부삼매야인 두 손을 허심합장하고 두 두지는 벌리고, 두 중지와 두 무명지는 굽혀서 마치 연꽃잎 형상으로 하여 심장에 댄다. 관세음보살의 상호가 구족함을 생각하며 진언을 일곱 번 송하고 정수리 위에서 푼다.

## 금강부소청진언
金剛部召請眞言

묘색담연상안락
妙色湛然常安樂

불위시절겁소천
不爲時節劫所遷

대성광겁행자비
大聖曠劫行慈悲

획득금강불괴신
獲得金剛不壞身

나모 사만다 못다남 옴 바아라 나바바야 사바하 (七遍)

금강부삼매야인 왼손을 뒤집어서 밖으로 향하게 하고 오른 손등과 왼 손등을 편안하게 대고 좌우 대지와 소지는 서로 갈고리처럼 교차하고 중간의 여섯 손가락은 삼고저 형태처럼 한다. 인을 결하여 가슴에 대고 금강장보살의 상호가 위엄 있게 빛나고 무량한 집금강권속이 빙 둘러 싸고 있다고 관상한다.

보소청진언
普召請眞言

나무 보보제리 가리다리 다타 아다야 (三遍)

소청인 두 손의 두지、중지、무명지、소지를 오른손으로 왼손바닥 안으로 누르며 안으로 서로 깍지를 끼고 서로 갈고리처럼 걸듯이 바싹 쥐고 두 대지를 폈다가 위에서 아래로 내린다.

봉불제자 남섬부주 해동 대한민국 모처 거주 복위 위모사
奉佛弟子 南贍部洲 海東 大韓民國 某處 居住 某人 伏爲 爲某事

경청양공 신조성 모불 모보살 존상 금기필공 안우 모산 모사
敬請良工 新造成 某佛 某菩薩 尊像 今旣畢功 安于 某山 某寺

청정진계 이 금월금일 특배점안법연 근비향등공구 훈근작법
淸淨珍界 以 今月今日 特排點眼法筵 謹備香燈供具 勲懃作法

점개오안십안천안 무진안자 우복이 진체지체 담연무형 법신지신
點開五眼十眼千眼 無盡眼者 右伏以 眞體之體 湛然無形 法身之身

소연이상 담연무형고 포함법계 소연이상고 변만태허 기포법계
蕭然離相 湛然無形故 包含法界 蕭然離相故 徧滿太虛 旣包法界

이위형 언유근진지상호 역변태허이작체 본무안이지명언 연욕
以爲形 亦有根塵之相好 亦徧太虛而作體 本無眼耳之名言 然欲

제사계지미륜 구진방지고류 내시현어삼십이상 역장엄어팔십
濟沙界之迷倫 救塵邦之苦類 乃示現於三十二相 亦莊嚴於八十

종호 가위 삼신구이사지성 오안명이십호족 복원 삼신사지오족
種好 可謂 三身具而四智成 五眼明而十號足 伏願 三身四智五族

여래 운무연지대자 민유정지미간 함강향연 증명공덕 근병일심

如來 運無緣之大慈 愍有情之微懇 咸降香筵 證明功德 謹秉一心

## 선진삼청
先陳三請

### 법신청(法身請)

나무일심봉청 상주법계 진언궁중 반야해회 최상무변 불가사의

南無一心奉請 常住法界 眞言宮中 般若海會 最上無邊 不可思議

오륜보망세계 청정무염 법성해신 암밤람함캄대교주 비로자나불

五輪寶網世界 淸淨無染 法性海身 暗鑁嚂唅坎 大敎主 毗盧遮那佛

유원자비 강림도량 증명공덕(三請)

惟願慈悲 降臨道場 證明功德

## 향화청
香華請

### 가영(歌詠)

법신성해 초삼계
法身性海 超三界

묘용하방구오근
妙用何妨具五根

담적응연상각요
湛寂凝然常覺了

인간무수총점은
人間無數總霑恩

74

고아일심귀명정례

故我一心歸命頂禮

나무일심봉청 상주법계 진언궁중 반야해회 금강연화장세계

南無一心奉請 常住法界 眞言宮中 般若海會 金剛蓮華藏世界

불가설 불가설 구경원만 무애대장 아바라하카법계주 노사나불

不可說 不可說 究竟圓滿 無碍大藏 阿婆羅賀佉法界主 盧舍那佛

유원자비 강림도량 증명공덕 (三請)

惟願慈悲 降臨道場 證明功德

향화청

香華請

가영(歌詠)

인원과만증여여

因圓果滿證如如

의정장엄상호수

依正莊嚴相好殊

구경천중등보좌

究竟天中登寶座

보리수하현금구

菩提樹下現金軀

고아일심귀명정례

故我一心歸命頂禮

나무일심봉청 상주법계 진언궁중 반야해회 사바세계 화현무변
南無一心奉請 常住法界 眞言宮中 般若海會 娑婆世界 化現無邊

불가칭수 오탁겁중 감수백세 아라바차나일대교주 석가모니불
不可稱數 五濁劫中 減壽百歲 阿羅縛左那一代教主 釋迦牟尼佛

유원자비 강림도량 증명공덕 (三請)
惟願慈悲 降臨道場 證明功德

향화청
香華請

가영(歌詠)

도솔야마영선서
兜率夜摩迎善逝

수미타화견여래
須彌他化見如來

동시동회동여차
同時同會同如此

월인천강불가시
月印千江不可猜

고아일심귀명정례
故我一心歸命頂禮

나무일심봉청 상주법계 진언궁중 반야해회 동방금강부대원경지
南無一心奉請 常住法界 眞言宮中 般若海會 東方金剛部大圓鏡智

금강견고자성신 가지주아촉불등 일체제불 유원자비 강림도량
金剛堅固自性身 加持主阿閦佛等 一切諸佛 惟願慈悲 降臨道場

증명공덕 (三請)
證明功德

향화청
香華請

가영(歌詠)

동방아촉무군동 반야궁중자성지
東方阿閦無群動 般若宮中自性持

상주안심환희국 금강경지사수미
常住安心歡喜國 金剛鏡智似須彌

고아일심귀명정례
故我一心歸命頂禮

南방부(南方部)

나무일심봉청 상주법계 진언궁중 반야해회 남방보성부평등성지
南無一心奉請　常住法界　眞言宮中　般若海會　南方寶性部平等性智

복덕장엄취신 관정주보생불등 일체제불 유원자비 강림도량
福德莊嚴聚身　灌頂主寶生佛等　一切諸佛　惟願慈悲　降臨道場

증명공덕 (三請)
證明功德

향화청
香華請

가영(歌詠)

남방보성여래불
南方寶性如來佛

상주보광반야궁
常住寶光般若宮

복덕장엄개구족
福德莊嚴皆具足

원명성지접군몽
圓明性智接群蒙

고아일심귀명정례
故我一心歸命頂禮

78

나무일심봉청 상주법계 진언궁중 반야해회 서방연화부묘관찰지
南無一心奉請 常住法界 眞言宮中 般若海會 西方蓮花部妙觀察智

연화경애취신 삼마지주 아미타불등 일체제불 유원자비 강림
蓮花敬愛聚身 三摩地主 阿彌陀佛等 一切諸佛 惟願慈悲 降臨

도량 증명공덕 (三請)
道場 證明功德

**향화청**
香華請

가영(歌詠)

위기미타반야궁
位寄彌陀般若宮

묘관자재방신통
妙觀自在放神通

수연상주삼마지
雖然常住三摩地

운지흥비일체동
運智興悲一體同

고아일심귀명정례
故我一心歸命頂禮

북방부(北方部)

나무일심봉청 상주법계 진언궁중 반야해회 북방비수갈마부
南無一心奉請 常住法界 眞言宮中 般若海會 北方毘首竭摩部

성소작지 해운취신 광대공양주 불공성취불등 일체제불 유원
成所作智 海雲聚身 廣大供養主 不空成就佛等 一切諸佛 惟願

자비 강림도량 증명공덕 (三請)
慈悲 降臨道場 證明功德

향화청
香華請

가영(歌詠)

진중북방지해운 운용장우이군생
珍重北方智海雲 雲龍長雨利群生

해함제보심무애 반야궁중지월명
海含諸寶深無碍 般若宮中智月明

고아일심귀명정례
故我一心歸命頂禮

80

나무일심봉청 상주법계 진언궁중 반야해회 중앙적이상조부
南無一心奉請 常住法界 眞言宮中 般若海會 中央寂而常照部

금강보법갈마 사바라밀보살 동방금애자수 사대보살 남방보광당소
金剛寶法羯摩 四波羅密菩薩 東方金愛慈手 四大菩薩 南方寶光幢笑

사대보살 서방법이인어 사대보살 북방업호아권 사대보살 구색
四大菩薩 西方法利因語 四大菩薩 北方業護牙拳 四大菩薩 鉤索

쇄령 사섭보살 희만가무 내사공양보살 소산등도 외사공양보살
鑠鈴 四攝菩薩 喜鬘歌舞 內四供養菩薩 燒散燈塗 外四供養菩薩

오부대만다라회상 일체보살마하살 유원자비 강림도량 증명공덕
五部大曼陀羅會上 一切菩薩摩訶薩 惟願慈悲 降臨道場 證明功德

향화청
香華請

가영(歌詠)

사방사대제보살　상주금강반야궁
四方四大諸菩薩　常住金剛般若宮

오부다라제성사　상지불법증원통
五部多羅諸聖士　常持佛法證圓通

고아일심귀명정례

故我一心歸命頂禮

신불청(新佛請)

나무일심봉청 신조성(신화성) 모불 모보살 유원자비 강림도량

南無一心奉請 新造成(新畵成) 某佛 某菩薩 惟願慈悲 降臨道場

증명공덕 (三請)

證明功德

향화청

香華請

가영(歌詠)

자재치성여단엄

自在熾盛與端嚴

여시육덕개원만

如是六德皆圓滿

고아일심귀명정례

故我一心歸命頂禮

명칭길상급존귀

名稱吉祥及尊貴

응당총호바가범

應當摠號薄伽梵

「불신보변시방중 삼세여래일체동 광대원운항부진 왕양각해묘란궁」도 가능.

증명다게 (證明茶偈)

금장묘약급명다
今將妙藥及茗茶

무량무변증명전
無量無邊證明前

봉헌대만다라회
奉獻大曼茶羅會

원수자비애납수
願垂慈悲哀納受

옹호청 (擁護請)

나무일심봉청 상어일체 작법지처 자엄등시 위작옹호 상방대범
南無一心奉請 常於一切 作法之處 慈嚴等施 爲作擁護 上方大梵

천왕 제석천왕 동방제두뢰타천왕 남방비로늑차천왕 서방비로
天王 帝釋天王 東方提頭賴吒天王 南方毘盧勒叉天王 西方毘盧

박차천왕 북방비사문천왕 하계당처 토지호법선신 산천악독 일체
博叉天王 北方毘沙門天王 下界當處 土地護法善神 山川嶽瀆 一切

영기등중 강림도량 옹호법연 (三請)
靈祇等衆 降臨道場 擁護法筵

향화청
香華請

가영(歌詠)

범왕제석사천왕　불법문중서원견
梵王帝釋四天王　佛法門中誓願堅

열입초제천만세　자연신용호금선
列立招提千萬歲　自然神用護金仙

고아일심귀명정례
故我一心歸命頂禮

다게(茶偈)

금장감로다　봉헌성현전
今將甘露茶　奉獻聖賢前

감찰건간성　원수애납수
鑑察虔懇誠　願垂哀納受

강생게(降生偈)

아불석사자　종도솔천궁
我佛釋獅子　從兜率天宮

강신하염부
降神下閻浮

원금역여시
願今亦如是

심심적연정
甚深寂然定

복자제중생
福資諸衆生

시작대불사
施作大佛事

입마야태장
入摩耶胎藏

입차공상중
入此空像中

구주어세간
久住於世間

발무상도심
發無上道心

자타공성불
自他共成佛

오색사진언
五色絲眞言

옴 바아라 삼매야 소다남 아리마리 사바하 (三遍)

※ 불상 손 끝에 메어 있는 오색사를 시주자가 잡도록 한다.
오색광인 왼손 다섯 손가락을 펴서 왼손을 왼쪽 무릎 위에 올려놓고 아래쪽을 향해서 늘어뜨려 여원인에서와 같이 하면 된다. 오른손은 오른쪽 가슴 앞에 두는데, 바깥쪽을 향해서 시무외인과 같이 한다.

오불례(五佛禮)

나무 동방금강부 가지주아촉불
南無 東方金剛部 加持主阿閦佛

나무 남방보성부 관정주보생불
南無 南方寶性部 灌頂主寶生佛

나무 서방연화부 삼마지주아미타불
南無 西方蓮花部 三摩地主阿彌陀佛

나무 북방비수갈마부 광대공양주불공성취불
南無 北方毘首竭摩部 廣大供養主不空成就佛

나무 중앙적이상조부 제대보살마하살
南無 中央寂而常照部 諸大菩薩摩訶薩

동락게(動樂偈)

혁혁뇌음진
赫赫雷音振

군롱진활개
羣聾盡豁開

불기영산회
不起靈山會

구담무거래
瞿曇無去來

86

법신진언
法身眞言
암밤람함캄 (三遍)

※ 삼신진언 모두 금강박인을 결한다.

금강박인 두 손을 손바닥 밖에서 서로 깍지 끼고 오른손 대지를 왼손 대지 위에 놓는다.

보신진언
報身眞言
아바라하카 (三遍)

화신진언
化身眞言
아라바차나 (三遍)

삼밀진언
三密眞言
옴아훔 (百八遍)

연화합장인 연꽃이 핀 듯 두 손바닥을 합한다.

옴 𑖌 은 정수리(頂上)

아 𑖀 는 입안(口中)

훔 𑖮 은 가슴(心)

※ 증명법사는 점필한다. 옴아훔은 불상점안을 비롯하여 모든 점안의식에 점필한다。

귀의례(歸依禮)

# 각구존상 나무 신조성(화성 주성 중수 개금) 모불 모보살 존상

各具尊像 南無 新造成 (畵成 鑄成 重修 改金) 某佛 某菩薩 尊像

※ 불보살상에만 점필한다. 증명법사는 붓을 들어 각각에 맞는 범서를 입안하여 점필하고、그때
마다 팔을 세 번씩 뿌린다.

⊙ 팔안(八眼)

| | | | |
|---|---|---|---|
| 육안성취상 肉眼成就相 | 육안청정상 肉眼淸淨相 | 육안원만상 肉眼圓滿相 | 참 (眼下) 눈 아래 |
| 천안성취상 天眼成就相 | 천안청정상 天眼淸淨相 | 천안원만상 天眼圓滿相 | 함 (眼睛) 눈동자 |
| 혜안성취상 慧眼成就相 | 혜안청정상 慧眼淸淨相 | 혜안원만상 慧眼圓滿相 | 람 (眼上) 눈 위 |
| 법안성취상 法眼成就相 | 법안청정상 法眼淸淨相 | 법안원만상 法眼圓滿相 | 밤 (眉上) 눈썹 위 |
| 불안성취상 佛眼成就相 | 불안청정상 佛眼淸淨相 | 불안원만상 佛眼圓滿相 | 암 (眉間) 눈썹 사이 |

십안성취상 十眼成就相
십안청정상 十眼淸淨相
십안원만상 十眼圓滿相
흠 가슴 안 (胸中)

천안성취상 千眼成就相
천안청정상 千眼淸淨相
천안원만상 千眼圓滿相
아 입 속 (口中)

무진안성취상 無盡眼成就相
무진안청정상 無盡眼淸淨相
무진안원만상 無盡眼圓滿相
옴 정수리 (頂上)

⊙ 준제 구성범자(準提九聖梵字)

옴 정수리 (頂上)
자 두 눈 (兩眼)
레 목줄기 위 (頸上)
주 가슴 (心)
레 양 어깨 (兩肩)

준 배꼽 가운데 (臍中)
제 양 겨드랑이 (兩腋)
사바 양 정강이 (兩脛)
하 양쪽 발 (兩足)

⊙ 오여래종자(五如來種子)

※ 불신을 향해 점필한다.

밤 비로자나불　흠 아촉여래　타락 보생여래　흐리 무량수여래　악 불공성취불

◉ 사바라밀보살종자(四波羅密菩薩種子)　※ 불신을 향해 점필한다.

흠 [梵] 금강바라밀보살

트라 [梵] 보바라밀보살

흐리 [梵] 법바라밀보살

악 [梵] 갈마바라밀보살

◉ 내팔보살종자(內八菩薩種子)　※ 불신을 향해 점필한다.

ᄀ리 [梵]

으랑 [梵] 카

앙 [梵] 쌍

삼 [梵]

훔 [梵] 명

◉ 외팔보살종자(外八菩薩種子)　※ 불신을 향해 점필한다.

악 [梵] 흠

혹 [梵] 카

람 [梵]

밤 [梵]

랑 [梵]

함 [梵]

◉ 구색쇄령종자(鉤索鎖鈴種子)　※ 불신을 향해 점필한다.

약 [梵] 금강구보살

흠 [梵] 금강색보살

밤 [梵] 금강쇄보살

혹 [梵] 금강령보살

90

◉ 십대명왕종자(十大明王種子)　※ 불신을 향해 점필한다.

약　브라　미　닥　녜　마　악　드, 례　바

◉ 열금강왕(列金剛王)

※ (金剛王如來)악자로부터 (彌勒菩薩)미까지의 열두 자는 불신의 왼쪽에 안치하고 (慈惠菩薩)아 자로부터 (最精進菩薩)밤까지의 열두 자는 불신의 오른쪽에 안치한다.

| 삭 觀世音菩薩 | 아 光網菩薩 | 부 藥師如來 | 잠 月精菩薩 | 악 金剛王如來 |
|---|---|---|---|---|
| 삼 大勢至菩薩 | 악 堅固力菩薩 | 미 彌勒菩薩 | 밤 釋迦如來 | 밤 普賢菩薩 |
| 수 禪定菩薩 | 람 金剛鎖菩薩 | 아 慈惠菩薩 | 상 盧舍那佛 | 작 日精菩薩 |
| 밤 最精進菩薩 | 함 寶印手菩薩 | 빙 精進菩薩 | 참 虛空藏菩薩 | 바 金剛藏菩薩 |
|  | ㅁ심 地藏菩薩 | 잉 出現知菩薩 | 흐릭 阿彌陀佛 | 참 文殊菩薩 |

귀의례(歸依禮)　※ 십대제자、존자 등의 점안시

## 각구통명 나무 新畫成 존자(나한·십대제자)
各具通明　南無　新畫成　尊者(羅漢·十大弟子)

⊙ 육통(六通)

| 성취상 | 청정상 | 범자 | 부위 |
|---|---|---|---|
| 천안통성취상<br>天眼通成就相 | 천안통청정상<br>天眼通清淨相 | 함 | (眼睛) 눈동자 |
| 천이통성취상<br>天耳通成就相 | 천이통청정상<br>天耳通清淨相 | 하 | (兩足) 양쪽 발 |
| 타심통성취상<br>他心通成就相 | 타심통청정상<br>他心通清淨相 | | (兩脛) 양 정강이 |
| 신경통성취상<br>神境通成就相 | 신경통청정상<br>神境通清淨相 | 사바 | (兩脇) 양 겨드랑이 |
| 숙명통성취상<br>宿命通成就相 | 숙명통청정상<br>宿命通清淨相 | 제 | (兩胸) 배꼽 가운데 |
| 누진통성취상<br>漏盡通成就相 | 누진통청정상<br>漏盡通清淨相 | 준 | (臍中) |
| | | 례 | (兩肩) 양 어깨 |

귀의례(歸依禮)　※ 명왕、대왕、천왕、종관 등의 점안시

各具通力　南無　新畫成　某大王　某從官

## 각구통력 나무 신화성 모대왕 모종관

⊙ 오통오력(五痛五力)

천안통성취상　천안통청정상
天眼通成就相　天眼通清淨相

함　눈동자 (眼睛)

타심통성취상　타심통청정상
他心通成就相　他心通清淨相

하　양쪽 발 (兩足)

천이통성취상　천이통청정상
天耳通成就相　天耳通清淨相

사바　양 정강이 (兩脛)

신경통성취상　신경통청정상
神境通成就相　神境通清淨相

제　양 겨드랑이 (兩膞)

타심통성취상　타심통청정상
他心通成就相　他心通清淨相

준　배꼽 가운데 (臍中)

숙명통성취상　숙명통청정상
宿命通成就相　宿命通清淨相

례　양 어깨 (兩肩)

신경통성취상　신경통청정상
神境通成就相　神境通清淨相

숙명통성취상　숙명통청정상
宿命通成就相　宿命通清淨相

신통력성취상　신통력청정상
神通力成就相　新通力清淨相

용맹력성취상 勇猛力成就相
자비력성취상 慈悲力成就相
보살력성취상 菩薩力成就相
여래력성취상 如來力成就相

개안광명진언 開眼光明眞言

용맹력청정상 勇猛力清淨相 〈주(心)〉 가슴
자비력청정상 慈悲力清淨相 〈레(頸上)〉 목줄기 위
보살력청정상 菩薩力清淨相 〈자(兩眼)〉 두 눈
여래력청정상 如來力清淨相 〈옴(頂上)〉 정수리

※ 고깔을 벗기고、증명법사는 붓을 들어 눈에 점을 찍는 듯 점필한다. 또한 거울을 부처님 상호에 빛이 반사되도록 비춘다.

개안광명진언 開眼光明眞言

불개광대청련안 佛開廣大青蓮眼
인천공찬부릉량 人天共讚不能量

묘상장엄공덕신 妙相莊嚴功德身
비약만류귀대해 比若万流歸大海

옴 작수작수 삼만다 작수미수다니 사바하 (三遍)

불안인 이 인으로 오안을 구족한다. 수인의 모양은 양손으로 허심합장하고 두 두지는 굽혀서 두 두지의 끝 아래 드리워서 나란히 세워 엄지손가락 위에 두고, 중지와 무명지는 서로 세우며, 금강저를 두 소지로 꼭대기를 가리키며 열어 세운다.

# 안불안진언
安佛眼眞言

옴 살바라도 바하리니 사바하 (三遍)

불안인 앞에서는 고치지 않는 인(개안광명진언시)은 두 두지를 펴서 인을 이루고, 이 인을 맺을 때 큰 명자의 모양과 보살의 양 눈에 있다고 생각한다.

관불구룡찬(灌佛九龍讚)

여불강생지시 구룡토수 목욕금신 일체제불 제대보살 역부여시
如佛降生之時 九龍吐水 沐浴金身 一切諸佛 諸大菩薩 亦復如是

아금근이 청정향수 관욕금신
我今謹以 淸淨香水 灌浴金身

목욕진언
沐浴眞言

※ 부처님께 시수하고 관욕바라를 모신다.

아금관목제성중
我今灌沐諸聖衆
정지공덕장엄취
正智功德莊嚴聚

오탁중생영리구
五濁衆生令離垢
당증여래정법신
黨證如來淨法身

나모 사만다 못다남 옴 아아나 삼마삼마 사바하 (三遍)

목욕인 두 손은 허심합장 모양을 하고 두 소지는 두 대지와 서로 합한다. 나머지 여섯 손가락은 열어 펴고 약간 굽혀서 연꽃이 피듯이 인한다.

시수진언
施水眞言

※ 부처님께 시수하고 난 향탕수를 시주자에게 시수한다.

아금지차길상수
我今持此吉祥水
관주일체중생정
灌注一切眾生頂

진로열뇌실소제
塵勞熱惱悉消除
자타소속법왕위
自他紹續法王位

옴 도니도니 가도니 사바하 (三遍)

광명관정인 왼손은 금강권으로 해서 허리에 가져다 놓고, 오른손을 펴서 다섯 손가락을 바깥쪽을 향하도록 한다. 다섯 손가락을 약간 벌려서 세우고, 손가락 끝부분부터 각각 오색광명이 막 뻗어 나와서 오도의 중생들을 비추어 깨뜨려 버린다고 생각하고, 인을 아래로 향해서 깨뜨리는 자세를 취하고 삼악도의 극한 고통의 문을 타파해서 고통 받는 중생을 극락정토에 이르도록 한다고 생각하라.

## 안상진언
### 安像眞言

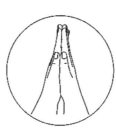

견실심합장인 두 손바닥이 닿도록 합장한다.

옴 소바라 지실지제 바아라 나바바야 사바하 (三遍)

※ 이어 나오는 삼십이상진언, 팔십종호진언, 안장엄진언은 견실심합장인을 결한다.

## 삼십이상진언
### 三十二相眞言

옴 마하가로 나야 사바하 (三遍)

## 팔십종호진언
### 八十種好眞言

옴 마하다나 바라 모나라야 사바하 (三遍)

안장엄진언
安莊嚴眞言

옴 바아라 바라나 미보사니 사바하 (三遍)

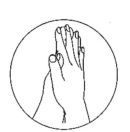

보궐진언
補闕眞言

옴 호로호로 사야모케 사바하 (三七遍)

금강합장 열 손가락을 합하여 그 첫 마디를 교차하여 세운다.

헌좌진언
獻座眞言

묘보리좌승장엄　제불좌이성정각
妙菩提座勝莊嚴　諸佛坐已成正覺

아금헌좌역여시　자타일시성불도
我今獻座亦如是　自他一時成佛道

옴 바아라 미나야 사바하 (三遍)

헌좌인(연화좌인) 두 손은 허심합장을 하고 두 대지와 두 소지는 각각 머리를 서로 기대고、나머지 여섯 손가락은 미세하게 굽혀 약간 벌려서 연꽃이 피는 형상을 한다。

## 보례진언
普禮眞言

다게(茶偈)

아금일신중
我今一身中

일일무수례
一一無數禮

즉현무진신
卽現無盡身

변재제불전
遍在諸佛前

옴 바아라 믹 (三遍)

금강합장 열 손가락을 합하여 그 첫 마디를 교차하여 세운다。

목녀조출제호미
牧女造出醍醐味

성도당시선래헌
成道當時先來獻

아금헌공역여시
我今獻供亦如是

원수자비애납수
願垂慈悲哀納受

## 보공양진언
普供養眞言

옴 아아나 삼바바 바아라 훔 (三遍)

보공양인 두 손은 합장하고 두 중지는 오른손이 왼손 밖을 누르며 서로 깍지를 끼고 손등을 결박하여 붙이고 두 두지는 서로 줄어들게 해서 보배 형상을 한다. 印으로부터 무량한 갖가지의 향·꽃·등촉·바르는 향·음식·보배·당기·깃발·번기·일산을 유출하여 본존과 모든 성중의 앞에 공양한다고 관상한다.

이상과 같이 점안의식을 마친다. 본 점안의식을 마친 후에는 새로 모신 불보살님께 정식으로 공양을 올려드리는 勸供儀式을 거행한다.

100

◎ 증명창불 번

南無 大教主淸淨法身毘盧遮那佛

南無 法界主圓滿報身盧舍那佛

南無 娑婆敎主千百億化身釋迦牟尼佛

南無 東方金剛部大圓鏡智加持主阿閦如來佛

南無 南方寶性部平等性智灌頂主寶生如來佛

南無 西方蓮花部妙觀察智三摩持主觀自在如來佛

南無 北方羯磨部成所作智廣大供養主不空成就如來佛

南無 中央寂而常照部寶法羯摩四波羅密菩薩

南無 東方金愛慈手四大菩薩

南無 南方普光幢笑四大菩薩

南無 西方法利因語四大菩薩

南無 北方業護牙拳四大菩薩

南無　鈎索鎖鈴四攝菩薩

南無　喜鬘歌舞內四供養菩薩

南無　燒散燈塗外四供養菩薩

南無　道場教主觀世音菩薩摩訶薩

南無　五部大曼荼羅會上諸大菩薩摩訶薩

南無　爲作證明法師西天國百八代祖師提羅博陀尊者　指空大和尚

南無　爲作證明法師高慮國恭愍王師普濟尊者　懶翁大和尚

南無　爲作證明法師朝鮮國太祖王師妙嚴尊者　無學大和尚

（得福長幡）　天垂寶盖迎聖賢　地湧金蓮奉至尊

（普告長幡）　仰告五部大曼多羅會上　一切佛菩薩聖賢等衆　降此道場證明功德

# ● 삼보통청(三寶通請)

※ 점안후 권공의식은 바로 거불(p。109)부터 거행하여도 무방하다.

(본 의식은 『작법귀감』(1827년)의 내용을 표본으로 하였음。)

(起寢金一旨 晨鼓三宗 次大鍾二十八搥 後轉鍾七搥 次鳴鑼三旨)

할향(喝香)

근반진사계
根盤塵沙界

엽부오수미
葉覆五須彌

봉헌일편향
奉獻一片香

덕용난사의
德用難思議

연향게(燃香偈)

계정혜해지견향
戒定慧解知見香

변시방찰상분복
遍十方刹常芬馥

원차향연역여시
願此香煙亦如是

훈현자타오분신
熏現自他五分身

보례게(普禮偈)

보례시방상주불　보례시방상주법　보례시방상주승
普禮十方常住佛　普禮十方常住法　普禮十方常住僧

합장게(合掌偈)

합장이위화
合掌以爲花

성심진실상
誠心眞實相

신위공양구
身爲供養具

찬탄향연부
讚歎香烟覆

고향게(告鄕偈)

유원삼보대자비
唯願三寶大慈悲

향연변부삼천계
香烟遍覆三千界

정혜능개팔만문
定慧能開八萬門

문차신향임법회
聞此信香臨法會

상부개계(詳夫開啓)

상부 수함청정지공 향유보훈지덕 고 장법수 특훈묘향
詳夫 水含淸淨之功 香有普熏之德 故將法水 特熏妙香

쇄사법연 성우정토
灑斯法筵 成于淨土

쇄수게(灑水偈)

관음보살대의왕
觀音菩薩大醫王

감로병중법수향
甘露瓶中法水香

쇄탁마운생서기
灑濯魔雲生瑞氣

소제열뇌획청량
消除熱惱獲清凉

복청게(伏請偈)

복청대중 동음창화 신묘장구 대다라니
伏請大衆 同音唱和 神妙章句 大陀羅尼

천수(千手)

※ 법회에 모인 대중들은 다 같이 세 편 풍송하고, 다른 한 쪽에서는 범음이 탁자 앞에 진입하여 향을 꽂는다. 왼손은 물에 담긴 그릇을 들고, 오른손으로는 버드나무 가지를 잡고 물을 찍어 떨어뜨리고 향에 훈 하는 의식을 세 번 한다. 그리고는 그 물을 세 번 저어서 뿌린다. 그런 다음 법당을 한 바퀴 돌고, 그 다음에는 정중을 한 바퀴 돌며, 마지막으로는 낭외를 한 바퀴 돈다. 그리고 삼변정토에 비교하여 법당 안을 세 바퀴 도는 것도 가능하다.

나모라 다나 다라 야야 나막 알약 바로기제 새바라야 모디 사

다바야 마하 사다바야 마하 가로 니가야 옴 살바 바예수 다라

나 가라야 다사명 나막 가리다바 이맘 알야 바로기제 새바라

다바 이라간타 나막 하리나야 마발다 이샤미 살발타 사다남 슈

반 아예염 살바 보다남 바바말아 미수다감 다냐타 옴 아로계

아로가 마디로가 디가란제 혜혜 하례 마하모디 사다바 사마라

사마라 하리나야 구로 구로 갈마 사다야 사다야 도로 도로 미

연제 마하 미연제 다라다라 다린나례 새바라 자라자라 마라 미

마라 아마라 몰제 예혜혜 로계 새바라 라아 미사미 나사야 나

베 사미 사미 나사야 모하 자라 미사미 나사야 호로 호로 마라

호로 하례 바나마 나바 사라 사라 시리 시리 소로소로 못자못

자 모다야 모다야 매다리야 니라간타 가마샤 날사남 바라 하라

나야 마낙 사바하 신다야 사바하 마하 신다유예

새바라야 사바하 니라 간타야 바라하 목카 싱하 목카야

사바하 바나마 하따야 사바하 자가라 욕다야 사바하 샹카 셥나

녜 모다나야 사바하 마하라 구타 다라야 사바하 바마 사간타

니샤 시톄다 가릿나 이나야 사바하 먀가라 잘마 니바 사나야

사바하 나모라 다나다라 야야 나막 알약 바로기뎨 새바라야 사

바하 (三遍)

사방찬(四方讚)

**일쇄동방결도량** 一灑東方潔道場

**이쇄남방득청량** 二灑南方得淸凉

**삼쇄서방구정토** 三灑西方俱淨土

**사쇄북방영안강** 四灑北方永安康

엄정게(嚴淨偈)

도량청정무하예
道場淸淨無瑕穢

삼보천룡강차지
三寶天龍降此地

아금지송묘진언
我今持誦妙眞言

원사자비밀가호
願賜慈悲密加護

참회게(懺悔偈)

종신구의지소생
從身口意之所生

일체아금개참회
一切我今皆懺悔

아석소조제악업
我昔所造諸惡業

개유무시탐진치
皆由無始貪瞋癡

연비(燃臂)

참회진언
懺悔眞言

옴 살바 못자 모지 사다야 사바하 (三七遍)

정삼업진언
淨三業眞言

옴 사바바바 수다 살바달마 사바바바 수도함 (三遍)

정법계진언
淨法界眞言

나무 사만다 못다남 (三遍)

108

옴 바아라 노아로 다가다야 삼마야 바라베 사야 훔(三遍)

건단진언
建壇眞言

옴 난다난다 나지나지 난다바리 사바하 (三遍)

거불(擧佛)

나무 불타부중 광림법회
南無佛陀部衆光臨法會 拜

나무 달마부중 광림법회
南無達摩部衆光臨法會 拜

나무 승가부중 광림법회
南無僧伽部衆光臨法會 拜

보소청진언
普召請眞言

나무 보보제리 가리 다리 다타 아다야 (三遍)

유치(由致)

앙유 삼보대성자 종진정계 흥대비운 비신현신 포신운어 삼천
仰惟 三寶大聖者 從眞淨界 興大悲運 非身現身 布身雲於 三千

世界 무법설법 쇄법우어팔만진로 개종종종방편지문 도망망사계
世界 無法說法 灑法雨於八萬塵勞 開種種方便之門 導茫茫沙界

之衆 지중 유구개수 여공곡지전성 무원부종 약징담지인월 시이 사바
之衆 有求皆遂 如空谷之傳聲 無願不從 若澄潭之印月 是以 娑婆

世界 세계 차사천하 남섬부주 해동 대한민국 운운 모사 수월도량 공화
世界 此四天下 南贍部洲 海東 大韓民國 云云 某寺 水月道場 空華

佛事 불사 제자 모거주 모인 보체 심중소구발원 이 금월금일 건설법연
佛事 齊者 某居住 某人 保體 心中所求發願 以 今月今日 建設法筵

淨饌 정찬 공양제망중중 무진삼보자존 훈근작법앙기 묘원자 우복이
淨饌 供養帝網重重 無盡三寶慈尊 勳懃作法仰祈 妙援者 右伏以

爇茗 설명향이례청 정옥립이수재 재체수미 건성가민 기회자감 강부
爇茗香而禮請 呈玉粒以修齋 齋體雖微 虔誠可愍 冀廻慈鑑 降赴

香筵 향연 근병일심 선진삼청
香筵 謹秉一心 先陳三請

청사(請詞)

南無 나무일심봉청 이대자비 이위체고 구호중생 이위자량 어제병고
南無一心奉請 以大慈悲 而爲體故 救護衆生 以爲資糧 於諸病苦

110

위작양의 어실도자 시기정로 어암야중 위작광명 어빈궁자 영득
爲作良醫 於失道者 示其正路 於闇夜中 爲作光明 於貧窮者 令得

복장 평등요익 일체중생 청정법신비로자나불 원만보신노사나불
伏藏 平等饒益 一切衆生 清淨法身毗盧遮那佛 圓滿報身盧舍那佛

천백억화신 석가모니불 서방교주 아미타불 당래교주 미륵존불
千百億化身 釋迦牟尼佛 西方教主 阿彌陀佛 當來教主 彌勒尊佛

시방상주 진여불보 일승원교 대화엄경 대승실교 묘법화경 삼처
十方常住 眞如佛寶 一乘圓教 大華嚴經 大乘實教 妙法華經 三處

전심 격외선전 시방상주 심심법보 대지문수보살 대행보현보살
傳心 格外禪詮 十方常住 甚深法寶 大智文殊菩薩 大行普賢菩薩

대비관세음보살 대원지장보살 전불심등가섭존자 유통교해아난
大悲觀世音菩薩 大願地藏菩薩 傳佛心燈迦葉尊者 流通教海阿難

존자 시방상주청정승보 여시삼보무량무변 일일주변일일진찰
尊者 十方常住清淨僧寶 如是三寶無量無邊 一一周徧一一塵刹

유원자비연민유정 강림도량수차공양 (三請)
唯願慈悲憐憫有情 降臨道場受此供養

향화청
香華請

가영(歌詠)

불신보변시방중<br>
佛身普遍十方中

삼세여래일체동<br>
三世如來一切同

광대원운항부진<br>
廣大願雲恒不盡

왕양각해묘란궁<br>
汪洋覺海妙難宮

고아일심귀명정례<br>
故我一心歸命頂禮

헌좌안위(獻座安位)

(擊大鑼五槌)

묘보리좌승장엄<br>
妙菩提座勝莊嚴

제불좌이성정각<br>
諸佛坐已成正覺

아금헌좌역여시<br>
我今獻座亦如是

자타일시성불도<br>
自他一時成佛道

옴 바아라 미나야 사바하 (三遍)

(打鐘三旨進供)

욕건만나라 선송정법계진언 옴 남 (三七遍)

欲建曼拏羅 先誦淨法界眞言

공양게(供養偈)

아금풍송비밀주

我今諷誦秘密呪

보공무진삼보해

普供無盡三寶海

기성가지(祈聖加持)

유출무변광대공

流出無邊廣大供

원수자비애납수 (末句三說三拜)

願垂慈悲哀納受

향수나열 제자건성 육구공양지주원 수장가지지변화 앙유삼보

香羞羅列 齊者虔誠 欲求供養之周圓 須仗加持之變化 仰唯三寶

특사가지

特賜加持

「나무시방불 나무시방법 나무시방승」(三說)

南無十方佛 南無十方法 南無十方僧

무량위덕자재광명승묘력 변식진언

無量威德自在光明勝妙力 變食眞言

나막 살바다타 아다 바로기제 옴 삼바라 삼바라 훔 (三七遍)

## 시감로수진언

施甘露水眞言

나무 소로바야 다타 아다야 다냐다 옴 소로

소로 바라소로 바라소로 사바하 (三七遍)

## 일자수륜관진언

一字水輪觀眞言

옴 밤밤밤밤 (三七遍)

## 유해진언

乳海眞言

나무 사만다 못다남 옴 밤 (三七遍)

## 운심공양진언

運心供養眞言

## 원차향공변법계

願此香供遍法界

## 자비수공증선근

慈悲受供增善根

## 보공무진삼보해

普供無盡三寶海

## 영법주세보불은

令法住世報佛恩

## 나막 살바다타 아제 백미 새바 목케배약 살바다캄 오나아제 바

## 라해 맘 옴 아아나캄 사바하 (三遍)

114

상래가지이흘 공양장진 원차향위해탈지견 원차등위반야지광
上來加持已訖 供養將陳 願此香爲解脫知見 願此燈爲般若智光

원차수위감로제호 원차식위법희선열 내지 번화호열 다과교진
願此水爲甘露醍醐 願此食爲法喜禪悅 乃至 幡華互列 茶菓交陳

(내지 하이구관기설지) 즉세체지장엄 성묘법지공양자비소적 정혜소훈
(乃至 下二句觀機說之) 卽世諦之莊嚴 成妙法之供養慈悲所積 定慧所熏

이차향수특신배헌
以此香羞特伸拜獻

육법공양(六法供養)

향공양 연향공양 불사자비수차공양
香供養 燃香供養 不捨慈悲受此供養 拜

등공양 연등공양 불사자비수차공양
燈供養 燃燈供養 不捨慈悲受此供養 拜

화공양 선화공양 불사자비수차공양
華供養 仙華供養 不捨慈悲受此供養 拜

과공양 선과공양
菓供養 仙菓供養
불사자비수차공양
不捨慈悲受此供養
拜

다공양 선다공양
茶供養 仙茶供養
불사자비수차공양
不捨慈悲受此供養
拜

미공양 향미공양
米供養 香味供養
불사자비수차공양
不捨慈悲受此供養
拜

이차가지묘공구
以此加持妙供具
공양시방제불타
供養十方諸佛陀
拜

이차가지묘공구
以此加持妙供具
공양시방제달마
供養十方諸達磨
拜

이차가지묘공구
以此加持妙供具
공양시방제승가
供養十方諸僧伽
拜

유원자비수차공
唯願慈悲受此供
시작불사도중생 (起立)
施作佛事度衆生

보공양진언
普供養眞言
옴 아아나 삼바바 바아라 훔 (三遍)

보회향진언
普回向眞言
옴 삼마라 삼마라 미만나 사라마하 자가라 바 훔 (三遍)

116

나무대불정 여래밀인 수증요의 제보살만행 수능엄신주

南無大佛頂 如來密因 修證了義 諸菩薩萬行 首楞嚴神呪

라 바니반 호훔 다로옹박 사바하 (三遍)

다냐타 옴 아나례 비사제 비라 바아라 다리 반다 반다니 바아

**정본 관자재보살 여의륜주**

正本 觀自在菩薩 如意輪呪

나무 못다야 나무 달마야 나무 승가야 나무 아리야 바로기제

사라야 모지사다야 마하사다야 마하가로 니가야 하리다

야 만다라 다냐타 가가나 바라지진다 마니 마하무다례 루로루

로지따 하리다예 비사예 옴 부다나 부다니 야등 (三遍)

**불정심 관세음보살 모다라니**

佛頂心 觀世音菩薩 姥陀羅尼

나모라 다나다라 야야 나막 아리야 바로기제 새바라야 모지사

다바야 마하사다바야 마하가로 니가야 다냐타 아바다 아바다

바리바제 인혜혜 다냐타 살바다라니 만다라야 인혜혜 바리마

수다 못다야 옴 살바 작수가야 다라니 인지리야 다냐타 바로기

제 새바라야 살바도따 오하야미 사바하 (三遍)

## 불설소재길상다라니
佛說消災吉祥陀羅尼

나무 사만다 못다남 아바라지 하다사 사나남 다냐타 옴 카카

카혜 카혜 훔 훔 아바라 아바라 바라아바라 바라아바라 지따

지따 지리 지리 빠다 빠다 선지가 시리예 사바하 (三遍)

## 대원성취진언
大願成就眞言

옴 아모카 살바다라 사다야 시베 훔 (三遍)

## 보궐진언
補闕眞言

옴 호로호로 사야모꼐 사바하 (三遍)

탄백(歎白)

118

찰진심념가수지
刹塵心念可數知

대해중수가음진
大海中水可飲盡

허공가량풍가계
虛空可量風可繫

무능진설불공덕
無能盡說佛功德

축원(祝願)

앙고 시방삼세 제망중중 무진삼보자존 불사자비 허수낭감 상래
仰告 十方三世 帝網重重 無盡三寶慈尊 不捨慈悲 許垂朗鑑 上來

소수불공덕 회향삼처실원만 시이 사바세계 남섬부주 동양 대한
所修佛功德 回向三處悉圓滿 是以 裟婆世界 南贍部洲 東洋 大韓

민국 모처 모사 청정수월도량 원아금차 지극지정성 헌공발원
民國 某處 某寺 淸淨水月道場 願我今此 至極至精誠 獻供發願

재자 모인 복위 상세선망부모 다생사장 누세종친 제형숙백 자매
齋者 某人 伏爲 上世先亡父母 多生師長 累世宗親 弟兄叔伯 姉妹

질손 각열위열명영가 차도량내외 동상동하 일체유주무주고혼
姪孫 各列位列名靈駕 此道場內外 洞上洞下 一切有主無主孤魂

제불자등 각각열위열명영가 차사 최초창건이래 지어중건중수
諸佛者等 各各列位列名靈駕 此寺 最初創建以來 至於重建重修

불전내외 대소시주단월 각열위열명영가 이차발원공덕 다겁생래
佛殿內外 大小施主檀越 各列位列名靈駕 以此發願功德 多劫生來

소작지죄업 영위소멸
所作之罪業 永爲消滅

재고축 금차지극지성 헌공발원재자 각각등보체 앙몽삼보대성존
再告祝 今此至極至誠 獻供發願齋者 各各等保體 仰蒙三寶大聖尊

가호지묘력 이차인연공덕 일체고난영위소멸 사대강건 육근청정
加護之妙力 以此因緣功德 一切苦難永爲消滅 四大強健 六根清淨

자손창성 수명장수 만사여의원만 형통지대원
子孫昌盛 壽命長壽 萬事如意圓滿 亨通之大願

삼고축 금차지극지성 헌공발원재자 각기 동서사방 출입왕환
三告祝 今此至極至誠 獻供發願齋者 各其 東西四方 出入往還

상봉길경 불봉재해 관재구설 삼재팔난 사백사병 일시소멸
常逢吉慶 不逢災害 官災口舌 三災八難 四百四病 一時消滅

사대강건 육근청정 복덕구족 심중소구 여의원만 형통지발원
四大強健 六根清淨 福德具足 心中所求 如意圓滿 亨通之發願

연후원 항사법계 무량불자 동유화장장엄해 동입보리대도량
然後願 恒沙法界 無量佛子 同遊華藏莊嚴海 同入菩提大道場

상봉화엄불보살 常逢華嚴佛菩薩 항몽제불대광명 恒蒙諸佛大光明 소멸무량중죄장 消滅無量衆罪障 획득무량대 獲得無量大

지혜 智慧 돈성무상최정각 頓成無上最正覺 광도법계제중생 廣度法界諸衆生 이보제불막대은 以報諸佛莫大恩 세세상행 世世常行

보살도 菩薩道 구경원성살바야 究竟圓成薩婆若 마하반야바라밀 摩訶般若婆羅密

● 신중권공(神衆勸供)

(鳴鈸一宗)

## 진공진언
進供眞言

옴 살바 반자 사바하 (三遍)

공양게(供養偈)

## 이차청정향운공
以此淸淨香雲供

## 봉헌옹호성현전
奉獻擁護聖賢前

## 감차단나건간성
鑑此檀那虔懇誠

## 원수자비애납수
願垂慈悲哀納受

기성가지(祈聖加持)

## 향수나열 제자건성 욕구공양지주원 수장가지지변화 앙유삼보
香羞羅列 齊者虔誠 欲求供養之周圓 須仗加持之變化 仰唯三寶

## 특사가지 「나무시방불 나무시방법 나무시방승」 (三說)
特賜加持 南無十方佛 南無十方法 南無十方僧

무량위덕자재광명승묘력 변식진언

無量威德自在光明勝妙力 變食眞言

나막 살바다타 아다 바로기제 옴 삼바라 삼바라 훔 (一七遍)

시감로수진언

施甘露水眞言

나무 소로바야 다타 아다야 다냐다 옴 소로소로 바라 소로

바라 소로사바하 (一七遍)

일자수륜관진언

一字水輪觀眞言

옴 밤밤밤밤 (一七遍)

유해진언

乳海眞言

나무 사만다 못다남 옴 밤 (一七遍)

상래가지이흘 공양장진 이차향수 특신공양 향공양 연향공양

上來加持已訖 供養將陳 以此香需 特伸供養 香供養 燃香供養

등공양 연등공양 다공양 선다공양 과공양 선과공양 미공양

燈供養 燃燈供養 茶供養 仙茶供養 果供養 仙果供養 米供養

향미공양 유원신장 애강도량 불사자비 수차공양

香味供養 唯願神將 哀降道場 不捨慈悲 受此供養

(繞匝后)

이차가지묘공구
以此加持妙供具

공양선부제왕중
供養宣府諸王衆

이차가지묘공구
以此加持妙供具

공양천주제천중
供養天主諸天衆

이차가지묘공구
以此加持妙供具

공양신주제신중
供養神主諸神衆

보공양진언
普供養眞言

옴 아아나 삼바바 바아라 훔 (三遍)

보회향진언
普回向眞言

옴 삼마라 삼마라 미만나 사라마하 자가라 바훔 (三遍)

마하반야바라밀다심경
摩訶般若波羅蜜多心經

관자재보살 행심반야바라밀다시 조견오온개공 도 일체고액
觀自在菩薩 行深般若波羅蜜多時 照見五蘊皆空 度 一切苦厄

사리자 색불이공 공불이색 색즉시공 공즉시색 수상행식 역부
舍利子 色不異空 空不異色 色卽是空 空卽是色 受想行識 亦復

여시 사리자 시제법공상 불생불멸 불구부정 부증불감 시고
如是 舍利子 是諸法空相 不生不滅 不垢不淨 不增不減 是故

공중무색 무수상행식 무안이비설신의 무색성향미촉법 무안계
空中無色 無受想行識 無眼耳鼻舌身意 無色聲香味觸法 無眼界

내지 무의식계 무무명 역무무명진 내지 무노사 역무노사진
乃至 無意識界 無無明 亦無無明盡 乃至 無老死 亦無老死盡

무고집멸도 무지역무득 이무소득고 보리살타 의반야바라밀다
無苦集滅道 無智亦無得 以無所得故 菩提薩埵 依般若波羅蜜多

고심무가애 무가애고 무유공포 원리전도몽상 구경열반 삼세
故心無罣碍 無罣碍故 無有恐怖 遠離顚倒夢想 究竟涅槃 三世

제불 의반야바라밀다 고득아뇩다라삼먁삼보리 고지반야바라
諸佛 依般若波羅蜜多 故得阿耨多羅三藐三菩提 故知般若波羅

밀다 시대신주 시대명주 시무상주 시무등등주 능제일체고 진실
蜜多 是大神呪 是大明呪 是無上呪 是無等等呪 能除一切苦 眞實

불허 고설반야바라밀다주 즉설주왈
不虛 故說般若波羅蜜多呪 卽說呪曰

아제 아제 바라아제 바라승아제 모지 사바하 (三遍)

揭諦 揭諦 波羅揭諦 波羅僧揭諦 菩提 娑婆訶

## 불설소재길상다라니
佛說消災吉祥陀羅尼

나무 사만다 못다남 아바라지 하다사 사나남 다냐타 옴 카카

카혜 카혜 훔 훔 아바라 아바라 바라아바라 바라아바라 지따

지따 지리 지리 빠다 빠다 선지가 시리예 사바하 (三遍)

## 대원성취진언
大願成就眞言

옴 아모카 살바다라 사다야 시베 훔 (三遍)

## 보궐진언
補闕眞言

옴 호로호로 사야모켸 사바하 (三遍)

탄백(歎白)

## 옹호회상성현중
擁護會上聖賢衆

## 불법문중서원견
佛法門中誓願堅

## 열립초제천만세
列立招提千萬歲

## 자연신용호금선
自然神用護金仙

126

절이 화엄회상 제대현성 첨수연민지지정 각방신통지묘력 금차
切以 華嚴會上 諸大賢聖 僉垂憐愍之至情 各方神通之妙力 今此

모 거주 모 보체 앙몽화엄성중 가호지묘력 소신정원즉 일일유
某 居住 某 保體 仰蒙華嚴聖衆 加護之妙力 所神情願即 日日有

천상지경 시시무백해지재 심중소구소원 여의원만 형통지대원
千祥之慶 時時無百害之災 心中所求所願 如意圓滿 亨通之大願

우 육근청정 사대강건 신무일체 병고액난 심무일체 탐연미혹
又 六根清淨 四大强健 身無一切 病苦厄難 心無一切 貪戀迷惑

각기심중소구소원 여의원만 형통지대원
各其心中所求所願 如意圓滿 亨通之大願

참선자의단독로 염불자
參禪者疑團獨露 念佛者

삼매현전 간경자 혜안통투 병고자 즉득쾌차 직무자 수분성취
三昧現前 看經者 慧眼通透 病苦者 即得快差 職務者 隨分成就

농업자 오곡풍등 사업자 재수대통 학업자 우등성취 무자자
農業子 五穀豐登 事業者 財數大通 學業者 優等成就 無子者

속득생남 무연자 속득인연 운전자 무사고운전등 소구소원 원만
速得生男 無緣者 速得因緣 運轉者 無事故運轉等 所求所願 圓滿

형통지대원
亨通之大願

억원 동서사방 출입왕환 상봉길경 불봉재해 관재
抑願 東西四方 出入往還 相逢吉慶 不逢災害 官災

구설 삼재팔난 사백사병 영위소멸 각기 심중소구소원 여의원만
口舌 三災八難 四百四病 永爲消滅 各其 心中所求所願 如意圓滿

형통지대원
亨通之大願

억원 금일재자여 합원대중등 삼장돈제 오복증숭 원제유정등
抑願 今日齋者與 合院大衆等 三障頓除 五福增嵩 願諸有情等

삼업개청정 봉지제불교 화남대성존 구호길상 마하반야바라밀
三業皆淸淨 奉持諸佛敎 和南大聖尊 俱護吉祥 摩訶般若波羅蜜

# 화엄시식(華嚴施食)

거불(擧佛)

나무 아미타불
南無 阿彌陀佛

나무 관세음보살
南無 觀世音菩薩

나무 대세지보살
南無 大勢至菩薩

착어(着語)

불신충만어법계
佛身充滿於法界

수연부감미부주
隨緣赴感靡不周

보현일체중생전
普現一切衆生前

이항처차보리좌
而恒處此菩提座

청혼(請魂)

거사바세계 據娑婆世界

남섬부주 동양 대한민국 모사 청정수월도량 금차
南贍部洲 東洋 大韓民國 某寺 清淨水月道場 今次

접안법회 설향단전 봉청재자 각각 등 복위 상서선망 광겁부모
點眼法會 設香壇前 奉請齋者 各各 等 伏爲 上逝先亡 曠劫父母

누세종친 원근친척 제형숙백 자매질손 각열명영가 차사 최초
累世宗親 遠近親戚 弟兄叔伯 姉妹姪孫 各列名靈駕 此寺 最初

창건이래 중건중수 조불조탑 불량등촉 내지 불전내외 일용범제
創建以來 重建重修 造佛造塔 佛糧燈燭 乃至 佛前內外 日用凡諸

집물 화주시주 도감별좌 조연양공 사사시주등 각열위열명영가
什物 化主施主 都監別座 助緣良工 四事施主等 各列位列名靈駕

차도량내외 동상동하 일체 유주무주 고혼 제불자 등 각 열위
此道場內外 洞上洞下 一切 有主無主 孤魂 諸佛子 等 各 列位

열명영가 내지 철위산간 무간지옥 일일일야 만사만생 수고함령
列名靈駕 乃至 鐵圍山間 無間地獄 一日一夜 萬死萬生 受苦含靈

등 각열위열명영가 내지 겸급법계 사생칠취 삼도팔난 사은삼유
等 各列位列名靈駕 乃至 兼及法界 四生七趣 三途八難 四恩三有

130

유정무정 애혼제불자등 각열위열명영가 승불신력 내예향단
有情無情 哀魂諸佛子等 各列位列名靈駕 承佛神力 來詣香壇

동점법공 증오무생
同霑法供 證悟無生

보방광명향장엄
普放光明香莊嚴

보산시방제국토
普散十方諸國土

종종묘향집위장
種種妙香集爲帳

공양일체대덕존
供養一切大德尊

우방광명다장엄
又放光明茶莊嚴

보산시방제국토
普散十方諸國土

종종묘다집위장
種種妙茶集爲帳

공양일체영가중
供養一切靈駕衆

우방광명미장엄
又放光明米莊嚴

보산시방제국토
普散十方諸國土

종종묘미집위장
種種妙米集爲帳

공양일체고혼중
供養一切孤魂衆

우방광명법자재<br>
又放光明法自在

차광능각일체중<br>
此光能覺一切衆

영득무진다라니<br>
令得無盡陀羅尼

실지일체제불법<br>
悉持一切諸佛法

법력난사의<br>
法力難思議

대비무장애<br>
大悲無障碍

입립변시방<br>
粒粒遍十方

보시주법계<br>
普施周法界

금이소수복<br>
今以所修福

보첨어귀취<br>
普沾於鬼趣

식이면극고<br>
食已免極苦

사신생락처<br>
捨身生樂處

선밀가지 신전윤택 업화청량 각구해탈<br>
宣密加持 身田潤澤 業火清凉 各求解脫

변식진언<br>
變食眞言

나막 살바다타 아다 바로기제 옴 삼바라 삼바라 훔 (三遍)

시감로수진언<br>
施甘露水眞言

나무 소로바야 다타 아다야 다냐다 옴 소로소로 바라 소로 바라

소로 사바하 (三遍)

일자수륜관진언 一字水輪觀眞言

유해진언 乳海眞言

옴 밤밤밤밤밤 (三遍)

나무 사만다 뭇다남 옴 밤 (三遍)

칭양성호(稱揚聖號)

나무 다보여래 南無 多寶如來 　원제고혼 願諸孤魂 　파제간탐 破除慳貪 　법재구족 法財具足

나무 묘색신여래 南無 妙色身如來 　원제고혼 願諸孤魂 　이추루형 離醜陋形 　상호원만 相好圓滿

나무 광박신여래 南無 廣博身如來 　원제고혼 願諸孤魂 　사육범신 捨六凡身 　오허공신 悟虛空身

나무 이포외여래 南無 離怖畏如來 　원제고혼 願諸孤魂 　이제포외 離諸怖畏 　득열반락 得涅槃樂

나무 감로왕여래 南無 甘露王如來 　원제고혼 願諸孤魂 　인후개통 咽喉開通 　획감로미 獲甘露味

시시게(施食偈)

원차가지식 願此加持食

보변만시방 普遍滿十方 　식자제기갈 食者除飢渴 　득생안양국 得生安養國

시귀식진언 施鬼食眞言

옴 미기 미기 야야미기 사바하 (三遍)

시무차법식진언 施無遮法食眞言

옴 목역능 사바하 (三遍)

발보리심진언 發菩提心眞言

옴 모지 짓다 못다 바나야 믹 (三遍)

보공양진언 普供養眞言

옴 아아나 삼바바 바아라 훔 (三遍)

보회향진언 普回向眞言

옴 삼마라 삼마라 미만나 사라마하 자가라 바훔 (三遍)

권반게(勸飯偈)

수아차법식 受我此法食 　하이아난찬 何異阿難饌 　기장함포만 飢腸咸飽滿 　업화돈청량 業火頓清凉

돈사탐진치 頓捨貪嗔癡 　상귀불법승 常歸佛法僧 　염념보리심 念念菩提心 　처처안락국 處處安樂國

나무청정법신비로자나불 南無淸淨法身毘盧遮那佛
원만보신노사나불 圓滿報身盧舍那佛
천백억화신석가모니불 千百億化身釋迦牟尼佛

불 구품도사아미타불 佛 九品導師阿彌陀佛
당래하생미륵존불 當來下生彌勒尊佛
시방삼세일체제불 十方三世一切諸佛
시방 十方

삼세일체존법 三世一切尊法
대지문수사리보살 大智文殊舍利菩薩
대행보현보살 大行普賢菩薩
대비관세음보살 大悲觀世音菩薩

대원본존지장보살 大願本尊地藏菩薩
제존보살마하살 諸尊菩薩摩訶薩
마하반야바라밀 摩訶般若波羅蜜

금강게(金剛偈)
범소유상 凡所有相
개시허망 皆是虛妄
약견제상비상 若見諸相非相
즉견여래 卽見如來

여래십호(如來十號)
여래 응공 정변지 명행족 선서 세간해 무상사 조어장부 천인사
如來 應供 正遍智 明行足 善逝 世間解 無上士 調御丈夫 天人師
불 세존
佛 世尊

법화게(法華偈)

제법종본래　상자적멸상　불자행도이　내세득작불

諸法從本來　常自寂滅相　佛子行道已　來世得作佛

열반게(涅槃偈)

제행무상　시생멸법　생멸멸이　적멸위락

諸行無常　是生滅法　生滅滅而　寂滅爲樂

장엄염불(莊嚴念佛)

원아진생무별념　아미타불독상수　심심상계옥호광

願我盡生無別念　阿彌陀佛獨相隨　心心常係玉毫光

염념불리금색상　아집염주법계관　허공위승무불관

念念不離金色相　我執念珠法界觀　虛空爲繩無不貫

평등사나무하처　관구서방아미타　나무서방대교주

平等舍那無何處　觀求西方阿彌陀　南無西方大敎主

무량수여래불

無量壽如來佛

극락세계십종장엄

極樂世界十種莊嚴

「나무아미타불」(십념)

南無阿彌陀佛

법장서원수인장엄
法藏誓願修因莊嚴

사십팔원원력장엄
四十八願願力莊嚴

미타명호수광장엄
彌陀名號壽光莊嚴

삼대사관보상장엄
三大士觀寶像莊嚴

미타국토안락장엄
彌陀國土安樂莊嚴

보하청정덕수장엄
寶河淸淨德水莊嚴

보전여의누각장엄
寶殿如意樓閣莊嚴

주야장원시분장엄
晝夜長遠時分莊嚴

이십사락정토장엄
二十四樂淨土莊嚴

삼십종익공덕장엄
三十種益功德莊嚴

석가여래팔상성도
釋迦如來八相成道

도솔내의상
兜率來儀相

비람강생상
毘藍降生相

사문유관상
四門遊觀相

유성출가상
踰城出家相

설산수도상
雪山修道相

수하항마상
樹下降魔相

녹원전법상
鹿苑轉法相

쌍림열반상
雙林涅槃相

오종대은명심불망
五種大恩銘心不忘

각안기소국왕지은
各安其所國王之恩

생양구로부모지은
生養劬勞父母之恩

유통정법사장지은
流通正法師長之恩

사사공양단월지은
四事供養檀越之恩

탁마상성붕우지은
琢磨相成朋友之恩

당가위보유차염불
當家爲報唯此念佛

아미타불재하방
阿彌陀佛在何方

착득심두절막망
着得心頭切莫忘

염도념궁무념처
念到念窮無念處

육문상방자금광
六門常放紫金光

청산첩첩미타굴
靑山疊疊彌陀窟

창해망망적멸궁
滄海茫茫寂滅宮

물물염래무가애
物物拈來無罣碍

기간송정학두홍
幾看松亭鶴頭紅

극락당전만월용
極樂堂前滿月容

옥호금색조허공
玉毫金色照虛空

약인일념칭명호
若人一念稱名號

경각원성무량공
頃刻圓成無量功

삼계유여급정륜
三戒猶如汲井輪

차신불향금생도
此身不向今生度

천상천하무여불
天上天下無如佛

세간소유아진견
世間所有我盡見

찰진심념가수지
刹塵心念可數知

허공가량풍가계
虛空可量風可繫

보화비진요망연
寶和非眞了妄緣

천강유수천강월
千江有水千江月

백천만겁역미진
百千萬劫歷微塵

갱대하생도차신
更待何生度此身

시방세계역무비
十方世界亦無比

일체무유여불자
一切無有如佛者

대해중수가음진
大海中水可飲盡

무능진설불공덕
無能盡說佛功德

법신청정광무변
法身淸淨廣無邊

만리무운만리천
萬里無雲萬里天

사대각리여몽중
四大各離如夢中

욕식불조회광처
欲識佛祖回光處

산당정야좌무언
山堂靜夜坐無言

하사서풍동림야
何事西風動林野

원각산중생일수
圓覺山中生一樹

비청비백역비흑
非靑非白亦非黑

천척사륜직하수
千尺絲綸直下垂

야정수한어불식
夜靜水寒魚不食

육진심식본래공
六塵心識本來空

일락서산월출동
一落西山月出東

적적요요본자연
寂寂寥寥本自然

일성한안려장천
一聲寒鴈唳長天

개화천지미분전
開化天地未分前

부재춘풍부재천
不在春風不在天

일파자동만파수
一波自動萬波隨

만선공재월명귀
滿船空載月明歸

십념왕생원 十念往生願

왕생극락원 往生極樂願　상품상생원 上品上生願　광도중생원 廣度衆生願

원공법계제중생 願共法界諸衆生

동입미타대원해 同入彌陀大願海

진미래제도중생 盡未來際度衆生

자타일시성불도 自他一時成佛道

나무서방정토 극락세계 南無西方淨土 極樂世界

삼십육만억 일십일만 구천오백 동명 三十六萬億 一十一萬 九千五百 同名

동호 대자대비 同號 大慈大悲

아미타불 나무서방정토 극락세계 阿彌陀佛 南無西方淨土 極樂世界

불신장광 상호 佛身長廣 相好

무변 금색광명 변조법계 無邊 金色光明 遍照法界

사십팔원 四十八願

도탈중생 불가설 불가설전 度脫衆生 不可說 不可說轉

불가설 항하사 不可說 恒河沙

불찰미진수 도마죽위 무한극수 삼백육십만억 佛刹微塵數 稻麻竹葦 無限極數 三百六十萬億

일십일만 구천오백 동명동호 대자대비 아등도사 금색여래 一十一萬 九千五百 同名同號 大慈大悲 我等導師 金色如來

아미타불 阿彌陀佛

나무문수보살 나무보현보살 나무관세음보살 나무대세지보살

南無文殊菩薩 南無普賢菩薩 南無觀世音菩薩 南無大勢至菩薩

나무금강장보살 나무제장애보살 나무미륵보살 나무지장보살

南無金剛藏菩薩 南無除障碍菩薩 南無彌勒菩薩 南無地藏菩薩

나무일체청정대해중보살마하살

南無一切淸淨大海衆菩薩摩訶薩

원공법계제중생 동입미타대원해 시방삼세불 아미타제일 구품

願共法界諸衆生 同入彌陀大願海 十方三世佛 阿彌陀第一 九品

도중생 위덕무궁극 아금대귀의 참회삼업죄 범유제복선 지심

度衆生 威德無窮極 我今大歸依 懺悔三業罪 凡有諸福善 至心

용회향 원동염불인 진생극락국 견불요생사 여불도일체

用回向 願同念佛人 盡生極樂國 見佛了生死 如佛度一切

원아임욕명종시 진제일체제장애 면견피불아미타 즉득왕생안락찰

願我臨欲命終時 盡除一切諸障碍 面見彼佛阿彌陀 即得往生安樂刹

원이차공덕 보급어일체 아등여중생 당생극락국 동견무량수

願以此功德 普及於一切 我等與衆生 當生極樂國 同見無量壽

개공성불도

皆空成佛道

◎ 봉송편(奉送篇)

봉송게(奉送偈)

봉송고혼계유정
奉送孤魂洎有情

아어타일건도량
我於他日建道場

지옥아귀급방생
地獄餓鬼及傍生

불위본서환래부
不違本誓還來赴

※ 위패를 들고 부처님 앞을 향하여 서서 한다.

제불자 기수향공 이청법음 금당봉송 갱의건성 봉사삼보
諸佛子 旣受香供 已聽法音 今當奉送 更宜虔誠 奉謝三寶

보례시방상주불 보례시방상주법 보례시방상주승
普禮十方常住佛 普禮十方常住法 普禮十方常住僧

행보게(行步偈)

이행천리만허공
移行千里滿虛空

귀도정망도정방
歸途情忘到淨邦

삼업투성삼보례
三業投誠三寶禮

성범동회법왕궁
聖凡同會法王宮

산화락 (三說)
散花落

※ 법성게를 독송하면서 법당과 도량을 돌며 소대로 향한다.

나무대성인로왕보살 (三說)
南無大聖引路王菩薩

법성게 (法性偈)

법성원융무이상 法性圓融無二相
제법부동본래적 諸法不動本來寂
무명무상절일체 無名無相絕一切
증지소지비여경 證智所知非餘境
진성심심극미묘 眞性甚深極微妙
불수자성수연성 不守自性隨緣成
일중일체다중일 一中一切多中一
일즉일체다즉일 一即一切多即一
일미진중함시방 一微塵中含十方
일체진중역여시 一切塵中亦如是
무량원겁즉일념 無量遠劫即一念
일념즉시무량겁 一念即是無量劫
구세십세호상즉 九世十世互相即
잉불잡란격별성 仍不雜亂隔別成
초발심시변정각 初發心時便正覺
생사열반상공화 生死涅槃常共和

이사명연무분별 理事冥然無分別

십불보현대인경 十佛普賢大人境

능인해인삼매중 能仁海印三昧中

번출여의부사의 繁出如意不思議

우보익생만허공 雨寶益生滿虛空

중생수기득이익 衆生隨器得利益

시고행자환본제 是故行者還本際

파식망상필부득 叵息妄想必不得

무연선교착여의 無緣善巧捉如意

귀가수분득자량 歸家隨分得資糧

이다라니무진보 以陀羅尼無盡寶

장엄법계실보전 莊嚴法界實寶殿

궁좌실제중도상 窮坐實際中道床

구래부동명위불 舊來不動名爲佛

(소대에 이르러)

금차 문외봉송재자 今此 門外奉送齋者

모처 거주 某處 居住

모인 복위 某人 伏爲

모인 영가 금일영가위주 某人 靈駕 今日靈駕爲主

상세선망부모 다생사장 上世先亡父母 多生師長

누대종친등 累代宗親等

각열명영가 各列名靈駕

차 도량궁내외 此 道場宮內外

동상동하 유주무주 애혼제불자등 洞上洞下 有主無主 哀魂諸佛子等

각열위열명영가 各列位列名靈駕

상래 시식풍경 염불공덕 上來 施食諷經 念佛功德

이망연야 불리망연야 離妄緣耶 不離妄緣耶

이망연즉 극락 離妄緣則 極樂

불찰 임성소요 불리망연즉 차청산승 말후일게

佛刹 任性逍遙 不離妄緣則 且聽山僧 末後一偈

사대각리여몽중

四大各離如夢中

욕식불조회광처

欲識佛祖回光處

육진심식본래공

六塵心識本來空

일락서산월출동

日落西山月出東

염 시방삼세 일체제불 제존보살마하살 마하반야바라밀

念 十方三世 一切諸佛 諸尊菩薩摩訶薩 摩訶般若波羅蜜

원왕생 원왕생 왕생극락견미타 획몽마정수기별

願往生 願往生 往生極樂見彌陀 獲蒙摩頂受記別

원왕생 원왕생 원재미타회중좌 수집향화상공양

願往生 願往生 願在彌陀會中坐 手執香華常供養

원왕생 원왕생 원생화장연화계 자타일시성불도

願往生 願往生 願生華藏蓮花界 自他一時成佛道

소전진언

燒錢眞言

옴 비로기제 사바하 (三遍)

146

봉송진언
奉送眞言

옴 바아라 사다 목차목 (三遍)

상품상생진언
上品上生眞言

옴 마니다니 훔훔 바탁 사바하 (三遍)

처세간 여허공 여련화 불착수 심청정 초어피 계수례 무상존
處世間 如虛空 如蓮華 不着水 心淸淨 超於彼 稽首禮 無上尊

귀의불 귀의법 귀의승 귀의불양족존 귀의법이욕존 귀의승중중존
歸依佛 歸依法 歸依僧 歸依佛兩足尊 歸依法離欲尊 歸依僧眾中尊

귀의불경 귀의법경 귀의승경 선보운정 복유진중
歸依佛竟 歸依法竟 歸依僧竟 善步雲程 伏惟珍重

보회향진언
普回向眞言

옴 삼마라 삼마라 미만나 사라마하 자가라 바훔 (三遍)

화탕풍요천지고
火蕩風搖天地壞

요요장재백운간
寥寥長在白雲間

일성휘파금성벽
一聲揮破金城壁

단향불전칠보산
但向佛前七寶山

나무환희장마니보적불
南無歡喜藏摩尼寶積佛

나무원만장보살마하살
南無圓滿藏菩薩摩訶薩

나무회향장보살마하살
南無回向藏菩薩摩訶薩

※ 위패를 소송치 못하면 안과편만 함

## 안과편(安過篇)

상래소청 제불자등 각열위열명영가
上來召請 諸佛子等 各列位列名靈駕

기래화연　포찬선열　방하신심　안과이주
旣來華筵　飽饌禪悅　放下身心　安過而住

● 조탑점안(造塔點眼)

※ 불상점안의식 할향부터 보소청진언(p。51부터 p。72)까지 동일하게 한 후 유치

유치(由致)

개문 시멸쌍림 광화진찰 수오색지사리 기칠보지지제 어언이
盖聞 示滅雙林 廣化塵刹 收五色之舍利 起七寶之支提 於焉而

서역성라 자차이동구 안열 금유차일 사바세계 모처 거주 모인
西域星羅 自此而東丘 雁列 今有此日 裟婆世界 某處 居住 某人

복위 모사 특명양공경성모탑 모층일좌 내안모불존상 건우모사
伏爲 某寺 特命良工敬成某塔 某層一座 內安某佛尊像 建于某寺

정중 건설점안법연 근근작법 앙기묘원자 우복이
庭中 虔設點眼法筵 謹備香燈供具 薰懃作法 仰祈妙援者 右伏以

보급장엄 약청련지용출 자용정묘 여교월지단원 삼신구이사지성
寶級莊嚴 若青蓮之湧出 慈容正妙 如皎月之團圓 三身具而四智成

오안명이십호족 시방삼보 불사자비 강부향연 근병일심 선진삼청

五眼明而十號足 十方三寶 不捨慈尊 降赴香筵 謹秉一心 先陳三請

※ 이후 삼신청부터는 불상점안 의식(p。74부터 p。100)과 동일하게 거행함.

※ 불상점안의식 할향부터 보소청진언(p。51부터 p。72)까지 동일하게 한 후 유치

# ● 나한점안(羅漢點眼)

## 유치(由致)

절이 이생개사 주세진인 장거말세 불리일관지진상 불입열반
切以 利生開士 住世眞人 長居末世 不離一貫之眞常 不入涅槃

화도사생지군품 두두시물 처처현형 유구개응 무원부종 금유차일
化度四生之群品 頭頭示物 處處現形 有求皆應 無願不從 今有此日

사바세계 남섬부주 모 거주 모인 복위 모사 진경소저 특명양공
裟婆世界 南贍部洲 某 居住 某人 伏爲 某寺 盡傾所儲 特命良工

조성(주성、화성、중수) 영산교주 석가여래 좌우보처양대보살 십육
造成(鑄成、畵成、重修) 靈山敎主 釋迦如來 左右補處兩大菩薩 十六

대아라한 오백성중존상 금기필공 안우모사 건설점안도량 근비
大阿羅漢 五百聖衆尊上 今旣畢功 安于某寺 虔設點眼道場 謹備

종종공구 점개삼명육통
種種供具 點開三明六通

오안십안 무진지안 유원삼신사지 일체
五眼十眼 無盡之眼 唯願三身四智 一切

제불제대보살 불사자비 함강향연 증명공덕 앙표일심 선진삼청
諸佛諸大菩薩 不捨慈悲 咸降香筵 證明功德 仰表一心 先陳三請

증명팔청(證明八請)　※증명도청시　p.160.

(此證明八請如上佛像文　若時促則八請合擧亦可　證明都請)

법신청(法身請)

나무일심봉청 상주법계 진언궁중 반야해회 최상무변 불가사의
南無一心奉請 常住法界 眞言宮中 般若海會 最上無邊 不可思議

오륜보망세계 청정무염 법성해신 암밤람함캄대교주 비로자나불
五輪寶網世界 清淨無染 法性海身 暗鑁嚂唅坎大教主 毘盧遮那佛

유원자비 강림도량 증명공덕 (三請)
惟願慈悲 降臨道場 證明功德

향화청
香華請

152

법신성해 초삼계
法身性海 超三界

묘용하방구오근
妙用何妨具五根

담적응연상각요
湛寂凝然常覺了

인간무수총첨은
人間無數總霑恩

고아일심귀명정례
故我一心歸命頂禮

보신청(報身請)

나무일심봉청 상주법계 진언궁중 반야해회 금강연화장세계
南無一心奉請 常住法界 眞言宮中 般若海會 金剛蓮華藏世界

불가설 불가설 구경원만 무애대장 아바라하카법계주 노사나불
不可說 不可說 究竟圓滿 無碍大藏 阿婆羅賀佉法界主 盧舍那佛

유원자비 강림도량 증명공덕 (三請)
惟願慈悲 降臨道場 證明功德

향화청
香華請

가영(歌詠)

인원과만증여여
因圓果滿證如如

구경천중등보좌
究竟天中登寶座

고아일심귀명정례
故我一心歸命頂禮

의정장엄상호수
依正莊嚴相好殊

보리수하현금구
菩提樹下現金軀

화신청(化身請)

나무일심봉청 상주법계 진언궁중 반야해회 사바세계 화현무변
南無一心奉請 常住法界 眞言宮中 般若海會 娑婆世界 化現無邊

불가칭수 오탁겁중 감수백세 아라바차나일대교주 석가모니불
不可稱數 五濁劫中 減壽百歲 阿羅縛左那一代敎主 釋迦牟尼佛

유원자비 강림도량 증명공덕 (三請)
惟願慈悲 降臨道場 證明功德

향화청
香華請

가영(歌詠)

도솔야마영선서
兜率夜摩迎善逝

수미타화견여래
須彌他化見如來

월인천강불가시
月印千江不可猜

고아일심귀명정례
故我一心歸命頂禮

동시동회동여차
同時同會同如此

나무일심봉청 상주법계 진언궁중 반야해회 동방금강부대원경지
南無一心奉請 常住法界 眞言宮中 般若海會 東方金剛部大圓鏡智

금강견고자성신 가지주아촉불등 일체제불 유원자비 강림도량
金剛堅固自性身 加持主阿閦佛等 一切諸佛 惟願慈悲 降臨道場

동방부(東方部)

증명공덕 (三請)
證明功德

**향화청**
香華請

가영(歌詠)

동방아촉무군동
東方阿閦無群動

상주안심환희국
常住安心歡喜國

고아일심귀명정례
故我一心歸命頂禮

반야궁중자성지
般若宮中自性持

금강경지사수미
金剛鏡智似須彌

남방부(南方部)

나무일심봉청 상주법계 진언궁중 반야해회 남방보성부평등성지
南無一心奉請 常住法界 眞言宮中 般若海會 南方寶性部平等性智

복덕장엄취신 관정주보생불등 일체제불 유원자비 강림도량
福德莊嚴聚身 灌頂主寶生佛等 一切諸佛 惟願慈悲 降臨道場

증명공덕 (三請)
證明功德

향화청
香華請

156

가영(歌詠)

남방보성여래불
南方寶性如來佛

복덕장엄개구족
福德莊嚴皆具足

고아일심귀명정례
故我一心歸命頂禮

상주보광반야궁
常住寶光般若宮

원명성지접군몽
圓明性智接群蒙

서방부(西方部)

나무일심봉청 상주법계 진언궁중 반야해회 서방연화부묘관찰지
南無一心奉請 常住法界 眞言宮中 般若海會 西方蓮花部妙觀察智

연화경애취신 삼마지주 아미타불등 일체제불 유원자비 강림
蓮花敬愛聚身 三摩地主 阿彌陀佛等 一切諸佛 惟願慈悲 降臨

도량 증명공덕 (三請)
道場 證明功德

향화청
香華請

위기미타반야궁　位寄彌陀般若宮

묘관자재방신통　妙觀自在放神通

수연상주삼마지　雖然常住三摩地

운지흥비일체동　運智興悲一體同

고아일심귀명정례　故我一心歸命頂禮

북방부(北方部)

나무일심봉청　상주법계　진언궁중　반야해회　북방비수갈마부

南無一心奉請　常住法界　眞言宮中　般若海會　北方毘首羯摩部

성소작지　해운취신　광대공양주　불공성취불등　일체제불　유원

成所作智　海雲聚身　廣大供養主　不空成就佛等　一切諸佛　惟願

자비　강림도량　증명공덕　(三請)

慈悲　降臨道場　證明功德

향화청

香華請

158

진중북방지해운
珍重北方智海雲

운용장우이군생
雲龍長雨利群生

해함제보심무애
海含諸寶深無碍

반야궁중지월명
般若宮中智月明

고아일심귀명정례
故我一心歸命頂禮

중앙부(中央部)

나무일심봉청 상주법계 진언궁중 반야해회 중앙적이상조부
南無一心奉請 常住法界 眞言宮中 般若海會 中央寂而常照部

금강보법갈마 사바라밀보살 동방금애자수 사대보살 남방보광당소
金剛寶法羯摩 四波羅密菩薩 東方金愛慈手 四大菩薩 南方寶光幢笑

사대보살 서방법이인어 사대보살 북방업호아권 사대보살 구색
四大菩薩 西方法利因語 四大菩薩 北方業護牙拳 四大菩薩 鉤索

쇄령 사섭보살 희만가무 내사공양보살 소산등도 외사공양보살
鑠鈴 四攝菩薩 喜鬘歌舞 內四供養菩薩 燒散燈塗 外四供養菩薩

오부대만다라회상 일체보살마하살 유원자비 강림도량 증명

五部大曼陀羅會上 一切菩薩摩訶薩 惟願慈悲 降臨道場 證明

공덕 (三請)

功德

향화청

香華 請

가영(歌詠)

사방사대제보살

四方四大諸菩薩

상주금강반야궁

常住金剛般若宮

오부다라제성사

五部多羅諸聖士

상지불법증원통

常持佛法證圓通

고아일심귀명정례

故我一心歸命頂禮

※(p.163 나한청으로)

○ 증명도청(證明都請)

나무일심봉청 상주법계 진언궁중 반야해회 최상무변 불가사의

南無一心奉請 常住法界 眞言宮中 般若海會 最上無邊 不可思議

오륜보망세계 법성해신 암밤람함캄 대교주비로자나불등 일체
五輪寶網世界 法性海身 暗鑁㘕唅坎 大教主毘盧遮那佛等 一切

제불 금강연화장세계 진사위덕신 아바라하카 법계주 노사나불등
諸佛 金剛蓮華藏世界 塵沙威德身 阿縛羅賀伽 法界主 盧舍那佛等

일체제불 사바세계 화현무변 아라바차나 일대교주 석가모니불등
一切諸佛 裟婆世界 化現無邊 阿羅波左那 一代教主 釋迦牟尼佛等

일체제불 동방금강부 대원경지 금강견고자성신 가지주아촉불등
一切諸佛 東方金剛部 大圓鏡智 金剛堅固自性身 加持主阿閦佛等

일체제불 남방보성부 평등성지 복덕장엄취신 관정주보생불등
一切諸佛 南方寶性部 平等性智 福德莊嚴聚身 灌頂主寶生佛等

일체제불 서방연화부 묘관찰지 연화경애취신 삼마지주아미타불
一切諸佛 西方蓮花部 妙觀察智 蓮花敬愛聚身 三摩地主阿彌陀佛

등 일체제불 북방비수갈마부 성소작지 해운취신 광대공양주
等 一切諸佛 北方毘首羯摩部 成所作智 海雲聚身 廣大供養主

불공성취불등 일체제불 중앙적이상조부 금강보법갈마 사바라밀
不空成就佛等 一切諸佛 中央寂而常照部 金剛寶法羯摩 四波羅密

보살 동방금애자수사대보살 남방보광당소사대보살 서방법이인어
菩薩 東方金愛慈手四大菩薩 南方寶光幢笑四大菩薩 西方法利因語

사대보살 북방업호아권 사대보살 구색쇄령사섭보살 희만가무

四大菩薩 北方業護牙拳 四大菩薩 鉤索鏁鈴四攝菩薩 喜髮歌舞

내사공양보살 소산등도외사공양보살 오부대만다라회상 일체

內四供養菩薩 燒散燈塗外四供養菩薩 五部大曼陁羅會上 一切

보살마하살 유원자비 강림도량 증명공덕 (三請)

菩薩摩訶薩 惟願慈悲 降臨道場 證明功德

향화청
香華請

가영(歌詠)

불신충만어법계
佛身充滿於法界

보현일체중생전
普現一切衆生前

수연부감미부주
隨緣赴感靡不周

이항처차보리좌
而恒處此菩提座

고아일심귀명정례
故我一心歸命頂禮

나무 일심봉청 상생도솔 하강염부 방대광명 조제유암시 팔상
南無 一心奉請 上生兜率 下降閻浮 放大光明 照諸幽暗示 八相

성도 호 천중천 현 십력항마 칭 성중성 광겁난우 여우담바라화
成道 號 天中天 現 十力降魔 稱 聖中聖 曠劫難遇 如優曇鉢羅華

천백억화신 석가모니불 좌보처 자씨미륵보살 우보처 제화가라
千百億化身 釋迦牟尼佛 左補處 慈氏彌勒菩薩 右補處 提華竭羅

보살마하살 유원자비 강림도량 증명공덕 (三請)
菩薩摩訶薩 唯願慈悲 降臨道場 證明功德

가영(歌詠)

진묵겁전 조성불
塵墨劫前 早成佛

위도중생현세간
爲度衆生現世間

외외덕상월륜만
巍巍德相月輪滿

어삼계중작도사
於三界中作導師

고아일심귀명정례
故我一心歸命頂禮

금장묘약급명다
今將妙藥及茗茶

무량무변증명전
無量無邊證明前

봉헌대만다라회
奉獻大曼茶羅會

원수자비애납수
願垂慈悲哀納受

옹호청 (擁護請)

나무일심봉청 상어일체 작법지처 자엄등시 위작옹호 상방대범
南無一心奉請 常於一切 作法之處 慈嚴等施 爲作擁護 上方大梵

천왕 제석천왕 동방제두뢰타천왕 남방비로늑차천왕 서방비로
天王 帝釋天王 東方提頭賴吒天王 南方毘盧勒叉天王 西方毘盧

박차천왕 북방비사문천왕 하계당처 토지호법선신 산천악독 일체
博叉天王 北方毘沙門天王 下界當處 土地護法善神 山川嶽瀆 一切

영기등중 강림도량 옹호법연 (三請)
靈祇等衆 降臨道場 擁護法筵

164

향화청
香華請

가영(歌詠)

범왕제석사천왕
梵王帝釋四天王

열입초제천만세
列立招提千萬歲

고아일심귀명정례
故我一心歸命頂禮

불법문중서원견
佛法門中誓願堅

자연신용호금선
自然神用護金仙

다게(茶偈)

금장감로다
今將甘露茶

봉헌성현전
奉獻聖賢前

감찰건간성
鑑察虔懇誠

원수애납수
願垂哀納受

강생게(降生偈)

아불석사자
我佛釋獅子

종도솔천궁
從兜率天宮

강신하염부 降神下閻浮
원금역여시 願今亦如是
심심적연정 甚深寂然定
복자제중생 福資諸衆生
시작대불사 施作大佛事

입마야태장 入摩耶胎藏
입차공상중 入此空像中
구주어세간 久住於世間
발무상도심 發無上道心
자타공성불 自他共成佛

오색사진언
五色絲眞言

옴 바아라 삼매야 소다남 아리마리 사바하 (三遍)

※ 나한 손 끝에 메어 있는 오색사를 시주자가 잡도록 한다. 오색광인 왼손 다섯 손가락을 펴서 왼손을 왼쪽 무릎 위에 올려놓고 아래쪽을 향해서 늘어뜨려 여원인에서와 같이 하면 된다. 오른손은 오른쪽 가슴 앞에 두는데, 바깥쪽을 향해서 시무외인과 같이 한다.

오불례(五佛禮)

나무 동방금강부 가지주아촉불
南無 東方金剛部 加持主阿閦佛

나무 남방보성부 관정주보생불
南無 南方寶性部 灌頂主寶生佛

나무 서방연화부 삼마지주아미타불
南無 西方蓮花部 三摩地主阿彌陀佛

나무 북방비수갈마부 광대공양주불공성취불
南無 北方毘首竭摩部 廣大供養主不空成就佛

나무 중앙적이상조부 제대보살마하살
南無 中央寂而常照部 諸大菩薩摩訶薩

동락게(動樂偈)

혁혁뇌음진
赫赫雷音振

군롱진활개
羣聾盡豁開

불기영산회
不起靈山會

구담무거래
瞿曇無去來

법신진언 法身眞言

암밤람함캄 (三遍)

※ 삼신진언 모두 금강박인을 결한다.

금강박인 두 손을 손바닥 밖에서 서로 깍지 끼고 오른손 대지를 왼손 대지 위에 놓는다.

화신진언 化身眞言

아라바차나 (三遍)

보신진언 報身眞言

아바라하카 (三遍)

삼밀진언 三密眞言

옴아훔 (百八遍)

연화합장인 연꽃이 핀 듯 두 손바닥을 합한다.

옴 卐 은 정수리(頂上)

아 ꠓ 는 입안(口中)

훔 ꠓ 은 가슴(心)

※ 증명법사는 붓을 들어 각각에 맞는 범서를 입안하여 점필한다.

귀의례(歸依禮)

각구통명 나무 신조성(중수、개금) 석가여래 좌우보처 양대보살
各具通明 南無 新造成(重修、改金) 釋迦如來 左右補處 兩大菩薩

십육대아라한 오백성중
十六大阿羅漢 五百聖衆

삼명육통(三明六通)

※ 증명법사는 붓을 들어 각각에 맞는 범서를 입안하여 점필하고、그때마다 팔을 뿌린다。

과거이설명성취상
過去已說明成就相

현재금설명성취상
現在今說明成就相

미래당설명성취상
未來當說明成就相

과거이설명청정상
過去已說明淸淨相

현재금설명청정상
現在今說明淸淨相

미래당설명청정상
未來當說明淸淨相

눈동자
(眼睛)

함
(眼)

천안통성취상
天眼通成就相

천이통성취상
天耳通成就相

천안통청정상
天眼通淸淨相

천이통청정상
天耳通淸淨相

양쪽 발
(兩足)

하
(兩足)

타심통성취상
他心通成就相

신경통성취상
神境通成就相

숙명통성취상
宿命通成就相

누진통성취상
漏盡通成就相

개안광명진언
開眼光明眞言

타심통청정상
他心通清淨相 　사바 　양 정강이 (兩脛)

신경통청정상
神境通清淨相 　제 　양 겨드랑이 (兩脇)

숙명통청정상
宿命通清淨相 　쥰 　배꼽 가운데 (臍中)

누진통청정상
漏盡通清淨相 　례 　양 어깨 (兩肩)

※ 고깔을 벗기고, 증명법사는 붓을 들어 눈에 점을 찍는 듯 점필한다. 또한 거울을 존상의 상호에 빛이 반사되도록 비춘다.

개안광명진언
開眼光明眞言

불개광대청련안
佛開廣大青蓮眼

묘상장엄공덕신
妙相莊嚴功德身

비약만류귀대해
比若萬流歸大海

인천공찬부능량
人天共讚不能量

옴 작수작수 삼만다 작수미수다니 사바하 (三遍)

170

불안인 이 인으로 오안을 구족한다。 수인의 모양은 양손으로 허심합장하고 두 두지는 굽혀서 두 두지의 끝 아래 드리워서 나란히 세워 엄지손가락 위에 두고、 중지와 무명지는 서로 세우며、 금강저를 두 소지로 꼭대기를 가리키며 열어 세운다。

## 안불안진언
安佛眼眞言

옴 살바라도 바하리니 사바하 (三遍)

불안인 앞에서는 고치지 않는 인(개안광명진언시)은 두 두지를 펴서 인을 이루고、 이 인을 맺을 때 큰 명자의 모양과 보살의 양 눈에 있다고 생각한다。

관불구룡찬(灌佛九龍讚)

여불강생지시 구룡토수 목욕금신 일체제불 제대보살 역부여시
如佛降生之時 九龍吐水 沐浴金身 一切諸佛 諸大菩薩 亦復如是

아금근이 청정향수 관욕금신
我今謹以 清淨香水 灌浴金身

## 목욕진언 沐浴眞言

※ 존상께 시수하고 관욕바라를 모신다.

아금관욕제성중 我今灌沐諸聖衆
오탁중생영리구 五濁衆生令離垢
정지공덕장엄취 正智功德莊嚴聚
당증여래정법신 黨證如來淨法身

나모 사만다 못다남 옴 아아나 삼마삼마 사바하 (三遍)

목욕인 두 손은 허심합장 모양을 하고 두 소지는 두 대지와 서로 합한다. 나머지 여섯 손가락은 열어 펴고 약간 굽혀서 연꽃이 피듯이 인한다.

## 시수진언 施水眞言

※ 목욕진언 시 존상께 시수하고 난 향탕수를 시주자에게 시수한다.

아금지차길상수 我今持此吉祥水
진로열뇌실소제 塵勞熱惱悉消除
관주일체중생정 灌注一切衆生頂
자타소속법왕위 自他紹續法王位

옴 도니도니 가도니 사바하 (三遍)

광명관정인 왼손은 금강권으로 해서 허리에 가져다 놓고, 오른손을 펴서 다섯 손가락을 바깥쪽을 향하도록 한다. 다섯 손가락을 약간 벌려서 세우고, 손가락 끝부분부터 각각 오색광명이 막 뻗어 나와서 오도의 중생의 죄업들을 비추어 깨뜨려 버린다고 생각하고, 인을 아래로 향해서 깨뜨리는 자세를 취하고 삼악도의 극한 고통의 문을 타파해서 고통 받는 중생을 극락정토에 이르도록 한다고 생각하라.

## 안상진언
安像眞言

옴 소바라 지실지제 바아라 나바바야 사바하 (三遍)

견실심합장인 두 손바닥이 닿도록 합장한다.

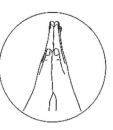

## 안장엄진언
安莊嚴眞言

옴 바아라 바라나 미보사니 사바하 (三遍)

견실심합장인 두 손바닥이 닿도록 합장한다.

보궐진언
補闕眞言

옴 호로호로 사야모켸 사바하 (三七遍)

금강합장 열 손가락을 합하여 그 첫 마디를 교차하여 세운다。

헌좌진언
獻座眞言

아금경설보엄좌
我今敬設寶嚴座

봉헌일쳬나한전
奉獻一切羅漢前

원멸진로망상심
願滅塵勞妄想心

속원해탈보리과
速圓解脫菩提果

옴 가마라 승하 사바하 (三遍)

헌좌인 이 인은 오른손의 소지와 무명지、왼손의 소지와 무명지 네 손가락을 서로 깍지를 끼어 손바닥 안으로 넣는다。양손의 중지는 바로 세워서 끝을 서로 붙인다。오른손의 두지와 왼손의 두지 두 손가락은 각각 기대고 오른손과 왼손의 중지의 등에 오른손과 왼손의 대지 두 손가락은 몸을 향해 열어 세운다.

## 보례삼보
普禮三寶

**일심정례 영산대교주 석가모니불**
一心頂禮 靈山大教主 釋迦牟尼佛

**일심정례 좌우보처 양대보살**
一心頂禮 左右補處 兩大菩薩

**일심정례 주세응진 십육대아라한**
一心頂禮 住世應眞 十六大阿羅漢

다게(茶偈)

**목녀조출제호미**
牧女造出醍醐味

**성도당초선래헌**
成道當初先來獻

**아금봉공역여시**
我今奉供亦如是

**원수자비애납수**
願垂慈悲哀納受

## 보공양진언
普供養眞言

옴 아아나 삼바바 바아라 훔(三遍)

**보공양인** 두 손은 합장하고 두 중지는 오른손이 왼손 밖을 누르며 서로 깍지를 끼고 손등을 결박하여 붙이고 두 두지는 서로 줄어들게 해서 보배 형상을 한다. 印으로부터 무량한 갖가지의 향·꽃·등촉·바르는 향·음 식·보배·당기·깃발·번기·일산을 유출하여 본존과 모든 성중의 앞에 공양한다고 관상한다.

으로 공양을 올려드리는 勸供儀式을 거행한다.

※ 이상과 같이 점안의식을 마친다. 본 점안의식을 마친 후에는 새로 모신 나한존자님께 정식

# ● 신중점안(神衆點眼)

※ 불상점안의식 할향부터 보소청진언(p。51부터 p。72)까지 동일하게 한 후 유치

유치(由致)

절이 옹호성중자 위령막측 신변난사 상선벌악지무사 소재강복
切以 擁護聖衆者 威靈莫測 神變難思 賞善罰惡之無私 消災降福

지유직 범제소원 막불향종 시이 사바세계 모사 청정수월도량
之有直 凡諸所願 莫不響從 是以 裟婆世界 某寺 淸淨水月道場

축원 운운 경청양공 신화성(중수、보수) 천신지기 열위존상 금기
祝願 云云 敬請良工 新畫成(重修、補修) 天神地祇 列位尊相 今旣

필공 수설점안법연 근비향운공구 유기오통구족 오력소창 잠사
畢功 修設點眼法筵 謹備香雲供具 唯冀五通具足 五力昭彰 暫辭

진계 함강향연 근병일심 선진삼청
眞界 咸降香筵 謹秉一心 先陳三請

※ 증명팔청은 불상점안(p。74부터 p。82)과 동일함。 약례시 증명도청도 가함。

나무일심봉청 상주법계 진언궁중 반야해회 최상무변 불가사의
南無一心奉請 常住法界 眞言宮中 般若海會 最上無邊 不可思議

오륜보망세계 법성해신 암밤람함캄 대교주비로자나불등 일체
五輪寶網世界 法性海身 暗鑁嚂唅坎 大教主毘盧遮那佛等 一切

제불 금강연화장세계 진사위덕신 아바라하카 법계주 노사나불등
諸佛 金剛蓮華藏世界 塵沙威德身 阿縛羅賀伽 法界主 盧舍那佛等

일체제불 사바세계 화현무변 아라바차나 일대교주 석가모니불등
一切諸佛 裟婆世界 化現無邊 阿羅波左那 一代教主 釋迦牟尼佛等

일체제불 동방금강부 대원경지 금강견고자성신 가지주아촉불등
一切諸佛 東方金剛部 大圓鏡智 金剛堅固自性身 加持主阿閦佛等

일체제불 남방보성부 평등성지 복덕장엄취신 관정주보생불등
一切諸佛 南方寶性部 平等性智 福德莊嚴聚身 灌頂主寶生佛等

일체제불 서방연화부 묘관찰지 연화경애취신 삼마지주아미타불
一切諸佛 西方蓮花部 妙觀察智 蓮花敬愛聚身 三摩地主阿彌陀佛

일체제불 북방비수갈마부 성소작지 해운취신 광대공양주
一切諸佛 北方毘首羯摩部 成所作智 海雲聚身 廣大供養主

등 일체제불
等 一切諸佛

불공성취불등 일체제불 중앙적이상조부 금강보법갈마 사바라밀

不空成就佛等 一切諸佛 中央寂而常照部 金剛寶法羯摩 四波羅蜜

보살 동방금애자수사대보살 남방보광당소사대보살 서방법이인어

菩薩 東方金愛慈手四大菩薩 南方寶光幢笑四大菩薩 西方法利因語

사대보살 북방업호아권사대보살 구색쇄령 사섭보살 희만가무

四大菩薩 北方業護牙拳四大菩薩 鉤索鏁鈴 四攝菩薩 喜鬘歌舞

내사공양보살 소산등도외사공양보살 오부대만다라회상 일체

內四供養菩薩 燒散燈塗外四供養菩薩 五部大曼陁羅會上 一切

보살마하살 유원자비 강림도량 증명공덕 (三請)

菩薩摩訶薩 惟願慈悲 降臨道場 證明功德

향화청
香華請

가영(歌詠)

불신충만어법계
佛身充滿於法界

보현일체중생전
普現一切衆生前

수연부감미부주
隨緣赴感靡不周

이항처차보리좌
而恒處此菩提座

고아일심귀명정례
故我一心歸命頂禮

증명다게(證明茶偈)

무량무변증명전
無量無邊證明前

금장묘약급명다
今將妙藥及茗茶

원수자비애납수
願垂慈悲哀納受

봉헌대만다라회
奉獻大曼茶羅會

옹호청(擁護請)

나무일심봉청 상어일체 작법지처 위작옹호 수호지주 팔대금강
南無一心奉請 常於一切 作法之處 爲作擁護 守護持呪 八大金剛

호지사방 사대보살 여래화현 십대명왕 상방대범천왕 제석천왕
護持四方 四大菩薩 如來化現 十大明王 上方大梵天王 帝釋天王

동방제두뢰타천왕 남방비로늑차천왕 서방비로박차천왕 북방
東方提頭賴吒天王 南方毘盧勒叉天王 西方毘盧博叉天王 北方

비사문천왕 십이제천 제대천신 하계이십오위 호계대신 일십
毘沙門天王 二十諸天 諸大天神 下界二十五位 護戒大神 一十

팔위 복덕대신 내호조왕 외호산신 음양조화 부지명위 일체호법
八位 福德大神 內護竈王 外護山神 陰陽造化 不知名位 一切護法

선신 영기등중 유원승 삼보력 함강도량 옹호법연 성취불사 (三請)
善神 靈祇等衆 唯願承 三寶力 咸降道場 擁護法筵 成就佛事

향화청
香華請

가영(歌詠)

옹호성중만허공
擁護聖衆滿虛空

도재호광일도중
都在毫光一道中

신수불어상옹호
信受佛語常擁護

봉행경전영류통
奉行經典永流通

고아일심귀명정례
故我一心歸命頂禮

다게(茶偈)

금장감로다
今將甘露茶

봉헌성현전
奉獻聖賢前

감찰건간성
鑑察虔懇誠

강생게(降生偈)

원수애납수
願垂哀納受

아불석사자
我佛釋獅子

강신하염부
降神下閻浮

원금역여시
願今亦如是

심심적연정
甚深寂然定

복자제중생
福資諸衆生

시작대불사
施作大佛事

종도솔천궁
從兜率天宮

입마야태장
入摩耶胎藏

입차공상중
入此空像中

구주어세간
久住於世間

발무상도심
發無上道心

자타공성불
自他共成佛

오색사진언
五色絲眞言

옴 바아라 삼매야 소다남 아리마리 사바하 (三遍)

※ 존상 손 끝에 메어 있는 오색사를 시주자가 잡도록 한다.
오색광인 왼손 다섯 손가락을 펴서 왼손을 왼쪽 무릎 위에 올려놓고 아래쪽을 향해서 늘어뜨려 여원인에서와 같이 하면 된다. 오른손은 오른쪽 가슴 앞에 두는데、 바깥쪽을 향해서 시무외인과 같이 한다。

오불례(五佛禮)

나무 동방금강부 가지주아촉불
南無 東方 金剛部 加持主 阿閦佛

나무 남방보성부 관정주보생불
南無 南方 寶性部 灌頂主 寶生佛

나무 서방연화부 삼마지주아미타불
南無 西方 蓮花部 三摩地主 阿彌陀佛

나무 북방비수갈마부 광대공양주불공성취불
南無 北方 毘首羯摩部 廣大供養主 不空成就佛

나무 중앙적이상조부 제대보살마하살
南無 中央 寂而常照部 諸大菩薩摩訶薩

동락게(動樂偈)

혁혁뇌음진
赫赫雷音振

불기영산회
不起靈山會

군룡진활개
羣聲盡豁開

구담무거래
瞿曇無去來

법신진언
法身眞言

암밤람함캄 (三遍)

※ 삼신진언 모두 금강박인을 결한다.

금강박인 두 손을 손바닥 밖에서 서로 깍지 끼고 오른손 대지를 왼손 대지 위에 놓는다.

보신진언
報身眞言

아바라하카 (三遍)

화신진언
化身眞言

아라바차나 (三遍)

삼밀진언
三密眞言

옴아훔 (百八遍)

연화합장인 연꽃이 핀 듯 두 손바닥을 합한다.

옴 ⑤ 은 정수리(頂上)

아 ⑤ 는 입안(口中)

훔 ⑤ 은 가슴(心)

※ 증명법사는 붓을 들어 각각에 맞는 범서를 입안하여 점필한다.

귀의례(歸依禮)

각구통력 나무 신화성 모천왕 모지신 등중
各具通力　南無　新畵成　某天王　某地神　等衆

오통오력(五痛五力)

천안통성취상
天眼通成就相

천이통성취상
天耳通成就相

타심통성취상
他心通成就相

천안통청정상
天眼通清淨相　　⑤ 눈동자(眼睛) 함

천이통청정상
天耳通清淨相　　⑤ 양쪽 발(兩足) 하

타심통청정상
他心通清淨相　　⑤ 양 정강이(兩脛) 사바

185 신중점안

신경통성취상 神境通成就相　신경통청정상 神境通清淨相　제 양 겨드랑이 (兩腋)

숙명통성취상 宿命通成就相　숙명통청정상 宿命通清淨相　준 배꼽 가운데 (臍中)

신통력성취상 神通力成就相　신통력청정상 新通力清淨相　례 양 어깨 (兩肩)

용맹력성취상 勇猛力成就相　용맹력청정상 勇猛力清淨相　주 가슴 (心)

자비력성취상 慈悲力成就相　자비력청정상 慈悲力清淨相　례 목줄기 위 (頸上)

보살력성취상 菩薩力成就相　보살력청정상 菩薩力清淨相　자 두 눈 (兩眼)

여래력성취상 如來力成就相　여래력청정상 如來力清淨相　옴 정수리 (頂上)

개안광명진언 開眼光明眞言

※ 고깔을 벗기고、증명법사는 붓을 들어 눈에 점을 찍는 듯 점필한다.

또한 거울을 조상의 상호에 빛이 반사되도록 비춘다.

불개광대청련안
佛開廣大靑蓮眼

인천공찬부능량
人天共讚不能量

옴 작수작수 삼만다 작수미수다니 사바하 (三遍)

묘상장엄공덕신
妙相莊嚴功德身

비약만류귀대해
比若万流歸大海

불안인 이 인으로 오안을 구족한다. 수인의 모양은 양손으로 허심합장하고 두 두지는 굽혀서 두 두지의 끝 아래 드리워서 나란히 세워 엄지손가락 위에 두고, 중지와 무명지는 서로 세우며, 금 강저를 두 소지로 꼭대기를 가리키며 열어 세운다.

안불안진언
安佛眼眞言

옴 살바라도 바하리니 사바하 (三遍)

불안인 앞에서는 고치지 않는 인(개안광명진언신)은 두 두지를 펴서 인 을 이루고, 이 인을 맺을 때 큰 명자의 모양과 보살의 양 눈에 있다고 생 각한다.

여불강생지시 구룡토수 목욕금신 금일 신화성 모천왕 모지신
如佛降生之時 九龍吐水 沐浴金身 今日 新畵成 某天王 某地神

일체성현등중 역부여시 아금근이 청정향수 관욕성중
一切聖賢等衆 亦復如是 我今謹以 淸淨香水 灌浴聖衆

목욕진언
沐浴眞言

※ 새로 모신 존상께 시수하고 관욕바라를 모신다.

아금이차향탕수
我今以此香湯水

관목옹호제성중
灌沐擁護諸聖衆

신심세척영청정
身心洗滌令淸淨

증입진공상락향
證入眞空常樂鄕

나모 사만다 못다남 옴 아아나 삼마삼마 사바하 (三遍)

목욕인 두 손은 허심합장 모양을 하고 두 소지는 두 대지와 서로 합한다. 나머지 여섯 손가락은 열어 펴고 약간 굽혀서 연꽃이 피듯이 인한다.

## 시수진언
施水眞言

※ 목욕진언 시 존상께 시수하고 난 향탕수를 시주자에게 시수한다.

### 아금지차길상수
我今持此吉祥水

### 보관일체중생정
普灌一切衆生頂

### 소제열뇌획청량
消除熱惱獲淸凉

### 자타소속법왕위
自他紹續法王位

옴 도니도니 가도니 사바하 (三遍)

**광명관정인** 왼손은 금강권으로 해서 허리에 가져다 놓고, 오른손을 펴서 다섯 손가락을 바깥쪽을 향하도록 한다. 다섯 손가락을 약간 벌려서 세우고, 손가락 끝부분부터 각각 오색광명이 막 뻗어 나와서 오도의 중생의 죄업들을 비추어 깨뜨려 버린다고 생각하고, 인을 아래로 향해서 깨뜨리는 자세를 취하고 삼악도의 극한 고통의 문을 타파해서 고통 받는 중생을 극락정토에 이르도록 한다고 생각하라.

## 안상진언
安像眞言

옴 소바라 지실지제 바아라 나바바야 사바하 (三遍)

**견실심합장인** 두 손바닥이 닿도록 합장한다.

# 안장엄진언
安莊嚴眞言

옴 바아라 바라나 미보사니 사바하 (三遍)

# 보궐진언
補闕眞言

견실심합장인 두 손바닥이 닿도록 합장한다.

옴 호로호로 사야모켸 사바하 (三七遍)

# 헌좌진언
獻座眞言

금강합장 열 손가락을 합하여 그 첫 마디를 교차하여 세운다.

헌좌인 이 인은 오른손의 소지와 무명지、 왼손의 소지와 무명지 네 손가락을 서로 깍지를 끼어 손바닥 안으로 넣는다。 양손의 중지는 바로 세워서 끝을 서로 붙인다。 오른손의 두지와 왼손의 두지 두 손가락은 각각 기대고 오른손과 왼손의 중지의 등에 오른손과 왼손의 대지 두 손가락은 몸을 향해 열어 세운다。

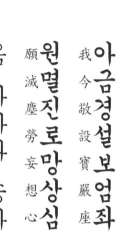

**아금경설보엄좌** 我今敬設寶嚴座　**봉헌옹호성현전** 奉獻擁護聖賢前

**원멸진로망상심** 願滅塵勞妄想心　**속원해탈보리과** 速圓解脫菩提果

옴 가마라 승하 사바하 (三遍)

**보례중위** 普禮中位

**일심정례** 一心頂禮　**시방예적명왕중** 十方穢跡明王衆

**일심정례** 一心頂禮　**상방범석제천중** 上方梵釋諸天衆

**일심정례** 一心頂禮　**하방호법선신중** 下方護法善神衆

다게(茶偈)

목녀조출천주공
牧女造出天廚供

아금헌공역여시
我今獻供亦如是

성도당초선래헌
成道當初先來獻

원수자비애납수
願垂慈悲哀納受

보공양진언
普供養眞言

옴 아아나 삼바바 바아라 흠(三遍)

보공양인 두 손은 합장하고 두 중지는 오른손이 왼손 밖을 누르며 서로 깍지를 끼고 손등을 결박하여 붙이고 두 두지는 서로 줄어들게 해서 보배 형상을 한다. 印으로부터 무량한 갖가지의 향·꽃·등촉·바르는 향·음식·보배·당기·깃발·번기·일산을 유출하여 본존과 모든 성중의 앞에 공양한다고 관상한다.

※ 이상과 같이 점안의식을 마친 후에는 정식으로 공양을 올려드리는 勸供儀式을 거행한다.

※ 불상점안의식 할향부터 보소청진언(p。5 1부터 p。7 2)까지 동일하게 한 후 유치

유치(由致)

절이 위거지상 화현인간 장개방편지문 항제침륜지고 수기선악
切以 位居地上 化現人間 長開方便之門 恒濟沈淪之苦 隨其善惡

상벌영종 유구개응 무원부종 금유차일 사바세계 모사 청정수월
賞罰影從 有求皆應 無願不從 今有此日 裟婆世界 某寺 清淨水月

도량 공화불사제자 모처 모인 현증복수 당생정찰지원 근사진재
道場 空華佛事齊者 某處 某人 現增福壽 當生淨刹之願 謹捨珍財

경청양공 신조성 (화성、중수、개채、개금) 지장대성 도명존자 무독
敬請良工 新造成 (畵成、衆修、改彩、改金) 地藏大聖 道明尊者 無毒

귀왕 명부시왕 태산부군 오도대신 십팔옥왕 이십사안판관 삼십
鬼王 冥府十王 泰山府君 五道大神 十八獄王 二十四案判官 三十

육위귀왕 삼원장군 이부동자 제위사자 병제권속등 존상 금기
六位鬼王 三元將軍 二簿童子 諸位使者 并諸眷屬等 尊像 今旣

畢功 安邀 某寺 以 今月今日 虔設點眼道場 謹備香燈供具 點開
필공 안요 모사 이 금월금일 건설점안도량 근비향등공구 점개

神眼 惟冀五通具足 五力昭彰 暫辭冥界 略降香筵 謹秉一心 先
신안 유기오통구족 오력소창 잠사명계 약강향연 근병일심 선

## 진삼청
陳三請

증명팔청(證明八請)　(或都請皆如上)　※ 증명도청시 p.160.

※ 지장보살을 위시한 시왕점안은 증명팔청을 거행하나、시왕만을 점안할 경우 바로 증수보증명청(p.202)을 함。

## 법신청(法身請)

南無一心奉請 常住法界 眞言宮中 般若海會 最上無邊 不可思議
나무일심봉청 상주법계 진언궁중 반야해회 최상무변 불가사의

五輪寶網世界 清淨無染 法性海身 暗鑁唅唅坎大敎主 毘盧遮那佛
오륜보망세계 청정무염 법성해신 암밤람함캄대교주 비로자나불

惟願慈悲 降臨道場 證明功德 (三請)
유원자비 강림도량 증명공덕

향화청
香華請

가영(歌詠)

법신성해 초삼계
法身性海 超三界

묘용하방구오근
妙用何妨具五根

담적응연상각요
湛寂凝然常覺了

인간무수총첨은
人間無數總霑恩

고아일심귀명정례
故我一心歸命頂禮

보신청(報身請)

나무일심봉청 상주법계
南無一心奉請 常住法界

진언궁중 반야해회 금강연화장세계
眞言宮中 般若海會 金剛蓮華藏世界

불가설 불가설 구경원만 무애대장 아바라하카법계주 노사나불
不可說 不可說 究竟圓滿 無碍大藏 阿婆羅賀佉法界主 盧舍那佛

유원자비 강림도량 증명공덕 (三請)
惟願慈悲 降臨道場 證明功德

가영(歌詠)

인원과만증여여
因圓果滿證如如

구경천중등보좌
究竟天中登寶座

고아일심귀명정례
故我一心歸命頂禮

의정장엄상호수
依正莊嚴相好殊

보리수하현금구
菩提樹下現金軀

화신청(化身請)

나무일심봉청 상주법계 진언궁중 반야해회 사바세계 화현무변
南無一心奉請 常住法界 眞言宮中 般若海會 娑婆世界 化現無邊

불가칭수 오탁겁중 감수백세 아라바차나일대교주 석가모니불
不可稱數 五濁劫中 減壽百歲 阿羅縛左那一代教主 釋迦牟尼佛

유원자비 강림도량 증명공덕 (三請)
惟願慈悲 降臨道場 證明功德

196

향화청
香華請

가영(歌詠)

도솔야영선서
兜率夜摩迎善逝

수미타화견여래
須彌他化見如來

동시동회동여차
同時同會同如此

월인천강불가시
月印千江不可猜

고아일심귀명정례
故我一心歸命頂禮

동방부(東方部)

나무일심봉청 상주법계 진언궁중 반야해회 동방금강부대원경지
南無一心奉請 常住法界 眞言宮中 般若海會 東方金剛部大圓鏡智

금강견고자성신 가지주아촉불등 일체제불 유원자비 강림도량
金剛堅固自性身 加持主阿閦佛等 一切諸佛 惟願慈悲 降臨道場

증명공덕 (三請)
證明功德

향화청
香華請

가영(歌詠)

동방아촉무군동
東方阿閦無群動

상주안심환희국
常住安心歡喜國

고아일심귀명정례
故我一心歸命頂禮

반야궁중자성지
般若宮中自性持

금강경지사수미
金剛鏡智似須彌

남방부(南方部)

나무일심봉청 상주법계 진언궁중 반야해회 남방보성부평등성지
南無一心奉請 常住法界 眞言宮中 般若海會 南方寶性部平等性智

복덕장엄취신 관정주보생불등 일체제불 유원자비 강림도량
福德莊嚴聚身 灌頂主寶生佛等 一切諸佛 惟願慈悲 降臨道場

증명공덕 (三請)
證明功德

가영(歌詠)

남방보성여래불
南方寶性如來佛

복덕장엄개구족
福德莊嚴皆具足

고아일심귀명정례
故我一心歸命頂禮

상주보광반야궁
常住寶光般若宮

원명성지접군몽
圓明性智接群蒙

서방부(西方部)

나무일심봉청 상주법계 진언궁중 반야해회 서방연화부묘관찰지
南無一心奉請 常住法界 眞言宮中 般若海會 西方蓮花部妙觀察智

연화경애취신 삼마지주 아미타불등 일체제불 유원자비 강림
蓮花敬愛聚身 三摩地主 阿彌陀佛等 一切諸佛 惟願慈悲 降臨

도량 증명공덕 (三請)
道場 證明功德

가영(歌詠)

위기미타반야궁
位寄彌陀般若宮

수연상주삼마지
雖然常住三摩地

고아일심귀명정례
故我一心歸命頂禮

묘관자재방신통
妙觀自在放神通

운지흥비일체동
運智興悲一體同

북방부(北方部)

나무일심봉청 상주법계 진언궁중 반야해회 북방비수갈마부
南無一心奉請 常住法界 眞言宮中 般若海會 北方毘首竭摩部

성소작지 해운취신 광대공양주 불공성취불등 일체제불 유원
成所作智 海雲聚身 廣大供養主 不空成就佛等 一切諸佛 惟願

자비 강림도량 증명공덕 (三請)
慈悲 降臨道場 證明功德

가영(歌詠)

진중북방지해운 珍重北方智海雲

해함제보심무애 海含諸寶深無碍

고아일심귀명정례 故我一心歸命頂禮

운용장우이군생 雲龍長雨利群生

반야궁중지월명 般若宮中智月明

중앙부(中央部)

나무일심봉청 상주법계 진언궁중 반야해회 중앙적이상조부 南無一心奉請 常住法界 眞言宮中 般若海會 中央寂而常照部

금강보법갈마 사바라밀보살 동방금애자수 사대보살 남방보광당소 金剛寶法羯摩 四波羅密菩薩 東方金愛慈手 四大菩薩 南方寶光幢笑

사대보살 서방법이인어 사대보살 북방업호아권 사대보살 구색 四大菩薩 西方法利因語 四大菩薩 北方業護牙拳 四大菩薩 鈎索

쇄령 사섭보살 희만가무 내사공양보살 소산등도 외사공양보살
鑠鈴 四攝菩薩 喜鬘歌舞 內四供養菩薩 燒散燈塗 外四供養菩薩

오부대만다라회상 일체보살마하살 유원자비 강림도량 증명
五部大曼陁羅會上 一切菩薩摩訶薩 惟願慈悲 降臨道場 證明

공덕 (三請)
功德

향화청
香華請

가영(歌詠)

사방사대제보살
四方四大諸菩薩

상주금강반야궁
常住金剛般若宮

오부다라제성사
五部多羅諸聖士

상지불법증원통
常持佛法證圓通

고아일심귀명정례
故我一心歸命頂禮

중수보증명청(重修補證明請)

나무일심봉청 비증시적 고취유형 구 육도지군생 만사홍지서원
南無一心奉請 悲增示跡 苦趣留形 救 六道之群生 滿四弘之誓願

대비대원 대성대자 본존지장왕보살 좌보처 조양진화 도명존자
大悲大願 大聖大慈 本尊地藏王菩薩 左補處 助陽眞化 道明尊者

우보처 조불양화 무독귀왕 유원자비 강림도량 증명공덕 (三請)
右補處 助佛揚化 無毒鬼王 唯願慈悲 降臨道場 證明功德

향화청
香華請

가영(歌詠)

장상명주일과한 자연수색변래단
掌上明珠一顆寒 自然隨色辨來端

기회제기친분부 암실아손향외간
幾回提起親分付 暗室兒孫向外看

고아일심귀명정례
故我一心歸命頂禮

시왕청(十王請)　　(皆如下十王各請文)

나무일심봉청 권형응적 실보수인 내비보살지자비 외현천신지
南無一心奉請 權衡應跡 實報酬因 內秘菩薩之慈悲 外現天神之

위맹 외외이방편난사 호호이신통막측 어제중생 교찰선악 명분
威猛 嵬嵬而方便難思 浩浩而神通莫測 於諸眾生 校察善惡 明分

고락 살활연촉 개실주재 대위덕주 불위서원 제일진광대왕 식본
苦樂 殺活延促 皆悉主宰 大威德主 不違誓願 第一秦廣大王 植本

자심 제이초강대왕 수의왕생 제삼송제대왕 칭량업인 제사오관
慈心 第二初江大王 隨意往生 第三宋帝大王 稱量業因 第四五官

대왕 당득작불 제오염라대왕 단분출옥 제육변성대왕 수록선안
大王 當得作佛 第五閻羅大王 斷分出獄 第六變成大王 收錄善案

제칠태산대왕 불착사호 제팔평등대왕 탄지멸화 제구도시대왕
第七泰山大王 不錯絲毫 第八平等大王 彈指滅火 第九都市大王

권성불도 제십오도전륜대왕 위수 태산부군 판관귀왕 장군동자
勸成佛道 第十五道轉輪大王 爲首 泰山府君 判官鬼王 將軍童子

감재사자 직부사자 졸리제반 병종권속 유원승 삼보력 강림도량
監齋使者 直府使者 卒吏諸般 並從眷屬 唯願承 三寶力 降臨道場

증명공덕 (三請)
證明功德

향화청
香華請

가영(歌詠)

권형응적대보살
港形應跡大菩薩

실보수인시성왕
實報酬因是聖王

위령신력하번문
威靈神力何煩問

관찰염부신전광
觀察閻浮迅電光

고아일심귀명정례
故我一心歸命頂禮

증명다게(證明茶偈)

금장묘약급명다
今將妙藥及茗茶

봉헌대만다라회
奉獻大曼茶羅會

무량무변증명전
無量無邊證明前

원수자비애납수
願垂慈悲哀納受

옹호청(擁護請)

나무일심봉청 상어일체 작법지처 자엄등시 위작옹호 상방대범

南無一心奉請 常於一切 作法之處 慈嚴等施 爲作擁護 上方大梵

천왕 제석천왕 동방제두뢰타천왕 남방비로늑차천왕 서방비로

天王 帝釋天王 東方提頭賴吒天王 南方毘盧勒叉天王 西方毘盧

박차천왕 북방비사문천왕 하계당처 토지호법선신 산천악독 일체

博叉天王 北方毘沙門天王 下界當處 土地護法善神 山川嶽瀆 一切

영기등중 강림도량 옹호법연 (三請)

靈祇等衆 降臨道場 擁護法筵

## 향화청

香華請

## 가영(歌詠)

옹호회상성현중 불법문중서원견

擁護會上聖賢衆 佛法門中誓願堅

열립초제천만세 자연신용호금선

列立招提千萬歲 自然神用護金仙

고아일심귀명정례

故我一心歸命頂禮

206

다게(茶偈)

금장감로다 今將甘露茶
감찰건간성 鑑察虔懇誠

강생게(降生偈)

아불석사자 我佛釋獅子
강신하염부 降神下閻浮
원금역여시 願今亦如是
심심적연정 甚深寂然定
복자제중생 福資諸衆生
시작대불사 施作大佛事

봉헌성현전 奉獻聖賢前
원수애납수 願垂哀納受
종도솔천궁 從兜率天宮
입마야태장 入摩耶胎藏
입차공상중 入此空像中
구주어세간 久住於世間
발무상도심 發無上道心
자타공성불 自他共成佛

# 오색사진언 五色絲眞言

옴 바아라 삼매야 소다남 아리마리 사바하 (三遍)

※존상 손 끝에 메어 있는 오색사를 시주자가 잡도록 한다. 오색광인 왼손 다섯 손가락을 펴서 왼손을 왼쪽 무릎 위에 올려놓고 아래쪽을 향해서 늘어 뜨려 여원인에서와 같이 하면 된다. 오른손은 오른쪽 가슴 앞에 두는데、바깥쪽을 향해서 시무외인과 같이 한다.

## 오불례 (五佛禮)

나무 동방금강부 가지주아촉불
南無 東方金剛部 加持主阿閦佛

나무 남방보성부 관정주보생불
南無 南方寶性部 灌頂主寶生佛

나무 서방연화부 삼마지주아미타불
南無 西方蓮花部 三摩地主阿彌陀佛

나무 북방비수갈마부 광대공양주불공성취불
南無 北方毘首羯摩部 廣大供養主不空成就佛

나무 중앙적이상조부 제대보살마하살
南無 中央寂而常照部 諸大菩薩摩訶薩

동락게(動樂偈)

혁혁뇌음진 赫赫雷音振

불기영산회 不起靈山會

군룡진활개 羣羣盡豁開

구담무거래 瞿曇無去來

법신진언 法身眞言

암밤람함캄 (三遍)

※ 삼신진언 모두 금강박인을 결한다.

금강박인 두 손을 손바닥 밖에서 서로 깍지 끼고 오른손 대지를 왼손 대지 위에 놓는다.

보신진언 報身眞言

아바라하카 (三遍)

화신진언 化身眞言

아라바차나 (三遍)

삼밀진언 三密眞言

옴아훔 (百八遍)

연화합장인 연꽃이 핀 듯 두 손바닥을 합한다.

※ 증명법사는 붓을 들어 각각에 맞는 범서를 입안하여 점필한다.

옴 ㅎ은 정수리(頂上)

아 ㅈ는 입 안(口中)

훔 ㅎ은 가슴(心)

귀의례(歸依禮)

각구존상 나무 신화성(조성 중수 개금) 유명교주 지장보살 도명재수
各其尊像 南無 新畵成 (造成 重修 改金) 幽冥敎主 地藏菩薩 道明財首

양대보살마하살
兩大菩薩摩訶薩

팔안(八眼)

천안성취상　육안성취상
天眼成就相　肉眼成就相

천안청정상　육안청정상
天眼淸淨相　肉眼淸淨相

천안원만상　육안원만상
天眼圓滿相　肉眼圓滿相

눈 아래(眼下) 참

눈동자(眼睛) 함

혜안성취상 慧眼成就相

법안성취상 法眼成就相

불안성취상 佛眼成就相

십안성취상 十眼成就相

천안성취상 千眼成就相

무진안성취상 無盡眼成就相

혜안청정상 慧眼清淨相

법안청정상 法眼清淨相

불안청정상 佛眼清淨相

십안청정상 十眼清淨相

천안청정상 千眼清淨相

무진안청정상 無盡眼清淨相

혜안원만상 慧眼圓滿相

법안원만상 法眼圓滿相

불안원만상 佛眼圓滿相

십안원만상 十眼圓滿相

천안원만상 千眼圓滿相

무진안원만상 無盡眼圓滿相

람 눈 위(眼上)

밤 눈썹 위(眉上)

암 눈썹 사이(眉間)

흠 가슴 안(胸中)

아 입 속(口中)

옴 정수리(頂上)

⊙ 준제구성범자 (準提九聖梵字)

옴 정수리(頂上)

자 두 눈(兩眼)

례 목줄기 위(頸上)

주 가슴(心)

례 양 어깨(兩肩)

준 배꼽 가운데(臍中)

제 양 겨드랑이(兩腋)

사바 양 정강이(兩脛)

하 양쪽 발(兩足)

⊙ 오여래종자(五如來種子)　※ 불신을 향해 점필한다.

（밤）⊙ 비로자나불　（흄）아촉여래　（흐리）보생여래　（악）무량수여래　불공성취불

（흄）⊙ 금강바라밀보살　（타락）⊙ 사바라밀보살종자(四波羅密菩薩種子)　※ 불신을 향해 점필한다.

（흐리）보바라밀보살　（악）법바라밀보살　갈마바라밀보살

（구리）⊙ 내팔보살종자(內八菩薩種子)　※ 불신을 향해 점필한다.
（으랑）（쌍）（삼）（흄）（명）

（카）⊙ 외팔보살종자(外八菩薩種子)　※ 불신을 향해 점필한다.
（앙）（카）（람）（밤）（랑）（함）

（악）금강구보살　⊙ 구색쇄령종자(鉤索鎖鈴種子)　※ 불신을 향해 점필한다.
（흄）금강색보살　（밤）금강쇄보살　（혹）금강령보살

212

⊙ 십대명왕종자(十大明王種子)

약 브라 브다 미 닥 네 마 악 드 례 바

⊙ 열금강왕(列金剛王)

(金剛王如來)악 자로부터 로부터 (最精進菩薩) 밤까지의 열두 자는 불신의 오른쪽에 안치한다. (彌勒菩薩)미 까지의 열두 자는 불신의 왼쪽에 안치하고 (慈惠菩薩)아 자

| 약 金剛王如來 | 잠 月精菩薩 | 부 藥師如來 | 아 光網菩薩 | 삭 觀世音菩薩 |
|---|---|---|---|---|
| 밤 普賢菩薩 | 밤 釋迦如來 | 미 彌勒菩薩 | 악 堅固力菩薩 | 삼 大勢至菩薩 |
| 작 日精菩薩 | 상 盧舍那佛 | 아 慈惠菩薩 | 람 金剛鎖菩薩 | 수 禪定菩薩 |
| 바 金剛藏菩薩 | 참 虛空藏菩薩 | 빙 精進菩薩 | 함 寶印手菩薩 | 밤 最精進菩薩 |
| 참 文殊菩薩 | 흐릭 阿彌陀佛 | 잉 出現知菩薩 | ㄱ심 地藏菩薩 | |

귀의례(歸依禮)

각구통력 나무 신화성 모대왕 제위사자 병종권속
各具通力 南無 新畵成 某大王 諸位使者 幷從眷屬

오통오력(五痛五力)

천안통성취상　천안통청정상
天眼通成就相　天眼通淸淨相

천이통성취상　천이통청정상
天耳通成就相　天耳通淸淨相

타심통성취상　타심통청정상
他心通成就相　他心通淸淨相

신경통성취상　신경통청정상
神境通成就相　神境通淸淨相

숙명통성취상　숙명통청정상
宿命通成就相　宿命通淸淨相

신통력성취상　신통력청정상
神通力成就相　新通力淸淨相

함 눈동자 (眼睛)

하 양쪽 발 (兩足)

사바 양 정강이 (兩脛)

제 양 겨드랑이 (兩膞)

준 배꼽 가운데 (臍中)

례 양 어깨 (兩肩)

용맹력성취상
勇猛力成就相

자비력성취상
慈悲力成就相

보살력성취상
菩薩力成就相

여래력성취상
如來力成就相

개안광명진언
開眼光明眞言

용맹력청정상
勇猛力清淨相
주(心) 가슴

자비력청정상
慈悲力清淨相
례(頸上) 목줄기 위

보살력청정상
菩薩力清淨相
자(兩眼) 두 눈

여래력청정상
如來力清淨相
옴(頂上) 정수리

※ 고깔을 벗기고、증명법사는 붓을 들어 눈에 점을 찍는 듯 점필한다。
또한 거울을 존상의 상호에 빛이 반사되도록 비춘다。

불개광대청련안
佛開廣大青蓮眼

인천공찬부릉량
人天共讚不能量

묘상장엄공덕신
妙相莊嚴功德身

비약만류귀대해
比若万流歸大海

옴 작수작수 삼만다 작수미수다니 사바하 (三遍)

불안인 이 인으로 오안을 구족한다。 수인의 모양은 양손으로 허심합장하고 두 두지는 굽혀서 두 두지의 끝 아래 드리워서 나란히 세워 엄지손가락 위에 두고, 중지와 무명지는 서로 세우며, 금강저를 두 소지로 꼭대기를 가리키며 열어 세운다。

## 안불안진언
安佛眼眞言

옴 살바라도 바하리니 사바하 (三遍)

불안인 앞에서는 고치지 않는 인(개안광명진언시)은 두 두지를 펴서 인을 이루고, 이 인을 맺을 때 큰 명자의 모양과 보살의 양 눈에 있다고 생각한다。

관불구룡찬(灌佛九龍讚)

여불강생지시 구룡토수 목욕금신 지장대성 도명재수 십대명왕
如佛降生之時 九龍吐水 沐浴金身 地藏大聖 道明財首 十大冥王

병종권속 일체영기 역부여시 아금근이 청정향수 관욕성중
幷從眷屬 一切靈祇 亦復如是 我今謹以 清淨香水 灌浴聖衆

목욕진언
沐浴眞言

※ 새로 모신 존상께 시수하고 관욕바라를 모신다.

목욕인 두 손은 허심합장 모양을 하고 두 소지는 두 대지와 서로 합한다. 나머지 여섯 손가락은 열어 펴고 약간 굽혀서 연꽃이 피듯이 인한다.

아금관목제성중
我今灌沐諸聖衆
관목명부제성중
灌沐冥府諸聖衆
신심세척영청정
身心洗滌令淸淨
증입진공상락향
證入眞空常樂鄉
나모 사만다 못다남 옴 아아나 삼마삼마 사바하 (三遍)

시수진언
施水眞言

※ 목욕진언 시 존상께 시수하고 난 향탕수를 시주자에게 시수한다.

아금지차길상수
我今持此吉祥水
관주일체중생정
灌注一切衆生頂
진로열뇌실소제
塵勞熱惱悉消除
자타소속법왕위
自他紹續法王位
옴 도니도니 가도니 사바하 (三遍)

광명관정인 왼손은 금강권으로 해서 허리에 가져다 놓고, 오른손을 펴서 다섯 손가락을 바깥쪽을 향하도록 한다. 다섯 손가락을 약간 벌려서 세우고, 손가락 끝부분부터 각각 오색광명이 막 뻗어 나와서 오도의 중생의 죄업들을 비추어 깨뜨려 버린다고 생각하고, 인을 아래로 향해서 깨뜨리는 자세를 취하고 삼악도의 극한 고통의 문을 타파해서 고통 받는 중생을 극락정토에 이르도록 한다고 생각하라.

## 안상진언
### 安像眞言

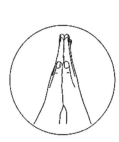

옴 소바라 지실지제 바아라 나바바야 사바하 (三遍)

견실심합장인 두 손바닥이 닿도록 합장한다.

## 안장엄진언
### 安莊嚴眞言

옴 바아라 바라나 미보사니 사바하 (三遍)

견실심합장인 두 손바닥이 닿도록 합장한다.

## 보궐진언
### 補闕眞言

옴 호로호로 사야모계 사바하 (三七遍)

금강합장 열 손가락을 합하여 그 첫 마디를 교차하여 세운다.

## 헌좌진언
### 獻座眞言

아금경설보엄좌
我今敬設寶嚴座

봉헌명간대법회
奉獻冥間大法會

원멸진로망상심
願滅塵勞妄想心

속원해탈보리과
速圓解脫菩提果

옴 가마라 승하 사바하 (三遍)

헌좌인 이 인은 오른손의 소지와 무명지, 왼손의 소지와 무명지 네 손가락을 서로 깍지를 끼어 손바닥 안으로 넣는다. 양손의 중지는 바로 세워서 끝을 서로 붙인다. 오른손의 두지와 왼손의 두지 두 손가락은 각각 기대고 오른손과 왼손의 중지의 등에 오른손과 왼손의 대지 두 손가락은 몸을 향해 열어 세운다.

보례명부

普禮冥府

일심정례 유명교주 지장대성존
一心頂禮 幽冥教主 地藏大聖尊

일심정례 좌우보처 도명무독중
一心頂禮 左右補處 道明無毒衆

일심정례 장판음사 명부시왕중
一心頂禮 掌判陰司 冥府十王衆

일심정례 정직무사 명관권속중
一心頂禮 正直無私 冥官眷屬衆

다게(茶偈)

목녀조출천주공 성도당초선래헌
牧女造出天廚供 成道當初先來獻

아차헌공역여시 원수자비애납수
我此獻供亦如是 願垂慈悲哀納受

보공양진언 옴 아아나 삼바바 바아라 훔 (三遍)
普供養眞言

220

**보공양인** 두 손은 합장하고 두 중지는 오른손이 왼손 밖을 누르며 서로 깍지를 끼고 손등을 결박하여 붙이고 두 두지는 서로 줄어들게 해서 보배형상을 한다。印으로부터 무량한 갖가지의 향・꽃・등촉・바르는 향・음식・보배・당기・깃발・번기・일산을 유출하여 본존과 모든 성중의 앞에 공양한다고 관상한다。

※ 이상과 같이 점안의식을 마친 후에는 정식으로 공양을 올려드리는 勸供儀式을 거행한다。

# ● 천왕점안(天王點眼)

※불상점안의식 할향부터 보소청진언(p。51부터 p。72)까지 동일하게 한 후 유치

## 유치(由致)

절이 천위막측 신변난사 위거천상이수선 화현인간이구고 범제
切以 天威莫測 神變難思 位居天上而修禪 化現人間而救苦 凡諸

소구 막불향종 시이 사바세계 모거주 모인 보체 소구여심 증연
所求 莫不響從 是以 裟婆世界 某居住 某人 保體 所求如心 增延

복수지원 진경소저 경청양공 신조성(중수、보수、개채) 대범천왕
福壽之願 盡傾所儲 敬請良工 新造成(重修、補修、改彩) 大梵天王

제석천왕 사대천왕존상 금기필공 안우모사 이 금월금일 건설
帝釋天王 四大天王尊像 今旣畢功 安宇某寺 以 今月今日 虔設

법연 근비향등 점개천안 유기오통구족 오력소창 잠사천계 약강
法筵 謹備香燈 點開天眼 惟冀五通具足 五力昭彰 暫辭天界 略降

香筵 謹秉一心 先陳三請

청사(請詞)

일심봉청 상어일체작법지처 위작옹호 상방대범천왕 제석천왕

一心奉請 常於一切作法之處 僞作擁護 上方大梵天王 帝釋天王

동방지국천왕 남방증장천왕 서방광목천왕 북방다문천왕 유원승

東方持國天王 南方增長天王 西方廣目天王 北方多聞天王 唯願承

삼보력 강림도량 (三請)

三寶力 降臨道場

향화청

香華請

가영(歌詠)

사대천왕위세웅

四大天王威勢雄

호세순유처처통

護世巡遊處處通

종선유정이복음

從善有情貽福蔭

벌악군품사재융

罰惡群品賜灾隆

고아일심귀명정례
故我一心歸命頂禮

(降生偈五色絲眞言 點筆同前十王文)

강생게(降生偈)

아불석사자
我佛釋獅子

강신하염부
降神下閻浮

원금역여시
願今亦如是

심심적연정
甚深寂然定

복자제중생
福資諸衆生

시작대불사
施作大佛事

종도솔천궁
從兜率天宮

입마야태장
入摩耶胎藏

입차공상중
入此空像中

구주어세간
久住於世間

발무상도심
發無上道心

자타공성불
自他共成佛

# 오색사진언 五色絲眞言

## 옴 바아라 삼매야 소다남 아리마리 사바하 (三遍)

※ 존상 손 끝에 메어 있는 오색사를 시주자가 잡도록 한다. 오색광인 왼손 다섯 손가락을 펴서 왼손을 왼쪽 무릎 위에 올려놓고 아래쪽을 향해서 늘어뜨려 여원인에서와 같이 하면 된다。 오른손은 오른쪽 가슴 앞에 두는데、바깥쪽을 향해서 시무외인과 같이 한다。

## 오불례(五佛禮)

나무 동방금강부 가지주아촉불
南無 東方金剛部 加持主阿閦佛

나무 남방보성부 관정주보생불
南無 南方寶性部 灌頂主寶生佛

나무 서방연화부 삼마지주아미타불
南無 西方蓮花部 三摩地主阿彌陀佛

나무 북방비수갈마부 광대공양주불공성취불
南無 北方毘首竭摩部 廣大供養主不空成就佛

나무 중앙적이상조부 제대보살마하살
南無 中央寂而常照部 諸大菩薩摩訶薩

225 천왕점안

동락게 (動樂偈)

혁혁뇌음진 赫赫雷音振

불기영산회 不起靈山會

군롱진활개 羣聾盡豁開

구담무거래 瞿曇無去來

법신진언 法身眞言

암밤람함캄 (三遍)

보신진언 報身眞言

아바라하카 (三遍)

화신진언 化身眞言

아라바차나 (三遍)

삼밀진언 三密眞言

옴아훔 (百八遍)

※ 삼신진언 모두 금강박인을 결한다.

금강박인 두 손을 손바닥 밖에서 서로 깍지 끼고 오른손 대지를 왼손 대지 위에 놓는다.

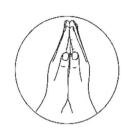

연화합장인 연꽃이 핀 듯 두 손바닥을 합한다.

옴 ह 은 정수리(頂上)

아 ज़ 는 입 안(口中)

훔 ह 은 가슴(心)

※ 증명법사는 붓을 들어 각각에 맞는 범서를 입안하여 점필한다.

귀의례(歸依禮)

각구존상 나무 신조성(화성 중수) 대범천왕 제석천왕 사대천왕
各具尊像 南無 新造成(畫成 重修) 大梵天王 帝釋天王 四大天王

오통오력(五痛五力)

천안통청정상
天眼通淸淨相

ह 눈동자
함 (眼睛)

천이통청정상
天耳通淸淨相

ह
하 양쪽 발
(兩足)

타심통청정상
他心通淸淨相

ช
사바 양 정강이
(兩脛)

천안통성취상
天眼通成就相

천안통청정상
天眼通淸淨相

천이통성취상
天耳通成就相

천이통청정상
天耳通淸淨相

타심통성취상
他心通成就相

타심통청정상
他心通淸淨相

신경통성성취상
神境通成就相

숙명통성성취상
宿命通成就相

신통력성성취상
神通力成就相

용맹력성성취상
勇猛力成就相

자비력성성취상
慈悲力成就相

보살력성성취상
菩薩力成就相

여래력성성취상
如來力成就相

개안광명진언
開眼光明眞言

신경통청정상
神境通淸淨相
제 양 겨드랑이 (兩脇)

숙명통청정상
宿命通淸淨相
쥼 배꼽 가운데 (臍中)

신통력청정상
新通力淸淨相
례 양 어깨 (兩肩)

용맹력청정상
勇猛力淸淨相
주 가슴 (心)

자비력청정상
慈悲力淸淨相
례 목줄기 위 (頸上)

보살력청정상
菩薩力淸淨相
자 두 눈 (兩眼)

여래력청정상
如來力淸淨相
옴 정수리 (頂上)

※ 고깔을 벗기고, 증명법사는 붓을 들어 눈에 점을 찍는 듯 점필한다.
또한 거울을 부처님 상호에 빛이 반사되도록 비춘다.

불개광대청련안
佛開廣大靑蓮眼

인천공찬부릉량
人天共讚不能量

불안인 이 인으로 오안을 구족한다. 수인의 모양은 양손으로 허심합장하고 두 두지는 굽혀서 두 두지의 끝 아래 드리워서 나란히 세워 엄지손가락 위에 두고, 중지와 무명지는 서로 세우며, 금강저를 두 소지로 꼭대기를 가리키며 열어 세운다.

묘상장엄공덕신
妙相莊嚴功德身

비약만류귀대해
比若万流歸大海

옴 작수작수 삼만다 작수미수다니 사바하 (三遍)

안불안진언
安佛眼眞言

옴 살바라도 바하리니 사바하 (三遍)

불안인 앞에서는 고치지 않는 인(개안광명진언시)은 두 두지를 펴서 인을 이루고, 이 인을 맺을 때 큰 명자의 모양과 보살의 양 눈에 있다고 생각한다.

관불구룡찬(灌佛九龍讚)

여불강생지시 구룡토수 목욕금신 대범제석 사대천왕 역부여시
如佛降生之時 九龍吐水 沐浴金身 大梵帝釋 四大天王 亦復如是

아금근이 청정향수 관욕성중
我今謹以 清淨香水 灌浴聖衆

목욕진언
沐浴眞言

※ 새로 모신 천왕께 시수하고 관욕바라를 모신다.

아금이차향탕수 관목천왕제성중
我今灌沐諸聖衆 灌沐天王諸聖衆

신심세척영청정 증입진공상락향
身心洗滌令清淨 證入眞空常樂鄕

나모 사만다 못다남 옴 아아나 삼마삼마 사바하 (三遍)

시수진언
施水眞言

목욕인 두 손은 허심합장 모양을 하고 두 소지는 두 대지와 서로 합한다. 나머지 여섯 손가락은 열어 펴고 약간 굽혀서 연꽃이 피듯이 인한다.

230

아금지차길상수
我今持此吉祥水
보관일체중생정
普灌一切衆生頂

소제열뇌획청량
消除熱惱獲淸凉
자타소속법왕위
自他紹續法王位

옴 도니도니 가도니 사바하 (三遍)

광명관정인　원손은 금강권으로 해서 허리에 가져다 놓고, 오른손을 펴서 다섯 손가락을 바깥쪽을 향하도록 한다. 다섯 손가락을 약간 벌려서 세우고, 손가락 끝부분부터 각각 오색광명이 막 뻗어 나와서 오도의 중생의 죄업들을 비추어 깨뜨려 버린다고 생각하고, 인을 아래로 향해서 깨뜨리는 자세를 취하고 삼악도의 극한 고통의 문을 타파해서 고통 받는 중생을 극락정토에 이르도록 한다고 생각하라.

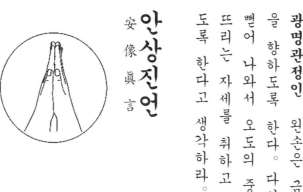

안상진언
安像眞言

옴 소바라 지실지제 바아라 나바바야 사바하 (三遍)

견실심합장인　두 손바닥이 닿도록 합장한다.

## 안장엄진언 安莊嚴眞言

옴 바아라 바라나 미보사니 사바하 (三遍)

견실심합장인 두 손바닥이 닿도록 합장한다。

## 보궐진언 補闕眞言

옴 호로호로 사야모계 사바하 (三遍)

## 헌좌진언 獻座眞言

금강합장 열 손가락을 합하여 그 첫 마디를 교차하여 세운다。

아금경설보엄좌
我今敬設寶嚴座
봉헌사대천왕전
奉獻四大天王前

원멸진로망상심
願滅塵勞妄想心
속원해탈보리과
速圓解脫菩提果

옴 가마라 승하 사바하 (三遍)

헌좌인 이 인은 오른손의 소지와 무명지、왼손의 소지와 무명지 네 손가락을 서로 깍지를 끼어 손바닥 안으로 넣는다。양손의 중지는 바로 세워서 끝을 서로 붙인다。오른손의 두지와 왼손의 두지 두 손가락은 각각 기대고 오른손과 왼손의 중지의 등에 오른손과 왼손의 대지 두 손가락은 몸을 향해 열어 세운다。

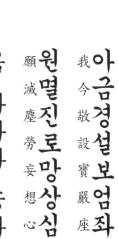

보례중위
普禮中位

일심정례 사바계주 대범천왕
一心頂禮 裟婆界主 大梵天王

일심정례 지거세주 제석천왕
一心頂禮 地居世主 帝釋天王

일심정례 호세안민 사대천왕
一心頂禮 護世安民 四大天王

다게(茶偈)

목녀조출천주공　牧女造出天廚供
아차헌공역여시　我此獻供亦如是
성도당초선래헌　成道當初先來獻
원수자비애납수　願垂慈悲哀納受

보공양진언　普供養眞言

옴 아아나 삼바바 바아라 훔 (三遍)

보공양인 두 손은 합장하고 두 중지는 오른손이 왼손 밖을 누르며 서로 깍지를 끼고 손등을 결박하여 붙이고 두 두지는 서로 줄어들게 해서 보배 형상을 한다. 印으로부터 무량한 갖가지의 향·꽃·등촉·바르는 향·음식·보배·당기·깃발·번기·일산을 유출하여 본존과 모든 성중의 앞에 공양한다고 관상한다.

※ 이상과 같이 점안의식을 마친 후에는 정식으로 공양을 올려드리는 勸供儀式을 거행한다.

234

● 산신점안(山神點眼)

※ 불상점안의식 할향부터 보소청진언(p。51부터 p。72)까지 동일하게 한 후 유치

유치(由致)

절이 산왕대성자 최신최령 능멸능맹지처 최요항마 최령지시
切以 山王大聖者 最神最靈 能滅能猛之處 摧妖降魔 最靈之時

소재강복 유구개수 무원부종 금유차일 사바세계 모처거주 모인
消災降福 有求皆遂 無願不從 今有此日 裟婆世界 某處居住 某人

소재강복지원 경조산왕대신존상 일위 금기필공 안우 모산 모사
消災降福之願 敬造山王大神尊像 一位 今旣畢功 安于 某山 某寺

이 금월금일 건설점안도량 근비향등공구 점개신안 유기오통
以 今月今日 虔設點眼道場 謹備香燈供具 點開神眼 惟冀五通

구족 오력소창 잠사보굴 강부향단 근병일심 선진삼청
具足 五力昭彰 暫辭寶窟 降赴香壇 謹秉一心 先陳三請

청사(請詞)

나무일심봉청 신조성 위령막측 신변난사 모산 모사 상주산왕
南無一心奉請 新造成 威靈莫測 神變難思 某山 某寺 常住山王

대신존상 일위 시위동자 모위 원강도량 입차공상 (三請)
大神尊像 一位 侍衛童子 某位 願降道場 入此空像

향화청
香華請

가영(歌詠)

유일자정청장리
遊逸恣情青嶂裡

소요쾌락벽만중
逍遙快樂碧巒中

잠굴운병친법회
暫屈雲軿親法會

요청원음오대공
了聽圓音悟大空

고아일심귀명정례
故我一心歸命頂禮

강생게(降生偈)

아불석사자
我佛釋獅子

종도솔천궁
從兜率天宮

236

강신하염부
降神下閻浮

입마야태장
入摩耶胎藏

원금역여시
願今亦如是

입차공상중
入此空像中

심심적연정
甚深寂然定

구주어세간
久住於世間

복자제중생
福資諸衆生

발무상도심
發無上道心

시작대불사
施作大佛事

자타공성불
自他共成佛

오색사진언
五色絲眞言

옴 바아라 삼매야 소다남 아리마리 사바하 (三遍)

※ 존상 손 끝에 메어 있는 오색사를 시주자가 잡도록 한다. 오색광인 왼손 다섯 손가락을 펴서 왼손을 왼쪽 무릎 위에 올려놓고 아래쪽을 향해서 늘어뜨려 여원인에서와 같이 하면 된다. 오른손은 오른쪽 가슴 앞에 두는데, 바깥쪽을 향해서 시무외인과 같이 한다.

오불례(五佛禮)

나무 동방금강부 가지주아촉불
南無 東方金剛部 加持主阿閦佛

나무 남방보성부 관정주보생불
南無 南方寶性部 灌頂主寶生佛

나무 서방연화부 삼마지주아미타불
南無 西方蓮花部 三摩地主阿彌陀佛

나무 북방비수갈마부 광대공양주불공성취불
南無 北方毘首竭摩部 廣大供養主不空成就佛

나무 중앙적이상조부 제대보살마하살
南無 中央寂而常照部 諸大菩薩摩訶薩

동락게(動樂偈)

혁혁뇌음진
赫赫雷音振

군룡진활개
羣聾盡豁開

불기영산회
不起靈山會

구담무거래
瞿曇無去來

법신진언
法身眞言

암밤람함캄 (三遍)

※ 삼신진언 모두 금강박인을 결한다.

금강박인 두 손을 손바닥 밖에서 서로 깍지 끼고 오른손 대지를 왼손 대지 위에 놓는다.

보신진언
報身眞言

아바라하카 (三遍)

화신진언
化身眞言

아라바차나 (三遍)

삼밀진언
三密眞言

옴아훔 (百八遍)

연화합장인 연꽃이 핀 듯 두 손바닥을 합한다.

옴 ఉం 은 정수리(頂上)

아 ꜫ 는 입 안(口中)

훔 ꜳ 은 가슴(心)

※ 증명법사는 붓을 들어 각각에 맞는 범서를 입안하여 점필한다.

귀의례(歸依禮)

각구통력 나무 신조성(화성) 위령막측 신변난사 평등자비 상선

各具通力 南無 新造成 (畵成) 威靈莫測 神變難思 平等慈悲 賞善

벌악 모산 산왕대신존상 일위 시위동자 기위

罰惡 某山 山王大神尊像 一位 侍衛童子 幾位

오통오력(五痛五力)

천안통성취상　　　천안통청정상
天眼通成就相　　　天眼通清淨相

천이통성취상　　　천이통청정상
天耳通成就相　　　天耳通清淨相

타심통성취상　　　타심통청정상
他心通成就相　　　他心通清淨相

신경통성취상　　　신경통청정상
神境通成就相　　　神境通清淨相

숙명통성취상　　　숙명통청정상
宿命通成就相　　　宿命通清淨相

함 눈동자(眼睛)

하 양쪽 발(兩足)

사바 양 정강이(兩脛)

제 양 겨드랑이(兩胳)

준 배꼽 가운데(臍中)

240

신통력성취상 神通力成就相
용맹력성취상 勇猛力成就相
자비력성취상 慈悲力成就相
보살력성취상 菩薩力成就相
여래력성취상 如來力成就相

개안광명진언 開眼光明眞言

신통력청정상 新通力清淨相　례　양 어깨（兩肩）
용맹력청정상 勇猛力清淨相　주　가슴（心）
자비력청정상 慈悲力清淨相　례　목줄기 위（頸上）
보살력청정상 菩薩力清淨相　자　두 눈（兩眼）
여래력청정상 如來力清淨相　옴　정수리（頂上）

※ 고깔을 벗기고、증명법사는 붓을 들어 눈에 점을 찍는 듯 점필한다。
또한 거울을 존상의 상호에 빛이 반사되도록 비춘다。

불개광대청련안
佛開廣大青蓮眼

인천공찬부릉량
人天共讚不能量

묘상장엄공덕신
妙相莊嚴功德身

비약만류귀대해
比若万流歸大海

옴 작수작수 삼만다 작수미수다니 사바하 (三遍)

불안인 이 인으로 오안을 구족한다. 수인의 모양은 양손으로 허심합장하고 두 두지는 굽혀서 두 두지의 끝 아래 드리워서 나란히 세워 엄지손가락 위에 두고, 중지와 무명지는 서로 세우며, 금강저를 두 소지로 꼭대기를 가리키며 열어 세운다.

## 안불안진언
### 安佛眼眞言

옴 살바라도 바하리니 사바하 (三遍)

불안인 앞에서는 고치지 않는 인(개안광명진언시)은 두 두지를 펴서 인을 이루고, 이 인을 맺을 때 큰 명자의 모양과 보살의 양 눈에 있다고 생각한다.

## 관불구룡찬(灌佛九龍讚)

여불강생지시 구룡토수 목욕금신 산왕대신 역부여시 아금근이
如佛降生之時 九龍吐水 沐浴金身 山王大神 亦復如是 我今謹以

## 청정향수 관목산왕대신
### 清淨香水 灌沐山王大神

## 목욕진언
沐浴眞言

※ 새로 모신 산신께 시수하고 관욕바라를 모신다.

목욕인 두 손은 허심합장 모양을 하고 두 소지는 두 대지와 서로 합한다. 나머지 여섯 손가락은 열어 펴고 약간 굽혀서 연꽃이 피듯이 인한다.

### 아금이차향탕수
我今灌沐諸聖衆

### 관목산왕대신중
灌沐山王大神衆

### 신심세척영청정
身心洗滌令清淨

### 증입진공상락향
證入眞空常樂鄉

### 나모 사만다 못다남 옴 아아나 삼마삼마 사바하 (三遍)

## 시수진언
施水眞言

### 아금지차길상수
我今持此吉祥水

### 관주일체중생정
灌注一切衆生頂

### 진로열뇌실소제
塵勞熱惱悉消除

### 자타소속법왕위
自他紹續法王位

### 옴 도니도니 가도니 사바하 (三遍)

광명관정인 왼손은 금강권으로 해서 허리에 가져다 놓고、 오른손을 펴서 다섯 손가락을 바깥쪽을 향하도록 한다。 다섯 손가락을 약간 벌려서 세우고、 손가락 끝부분부터 각각 오색광명이 막 뻗어 나와서 오도의 중생의 죄업들을 비추어 깨뜨려 버린다고 생각하고、 인을 아래로 향해서 깨뜨리는 자세를 취하고 삼악도의 극한 고통의 문을 타파해서 고통 받는 중생을 극락정토에 이르도록 한다고 생각하라。

안상진언
安像眞言

옴 소바라 지실지제 바아라 나바바야 사바하 (三遍)

견실심합장인 두 손바닥이 닿도록 합장한다。

안장엄진언
安莊嚴眞言

옴 바아라 바라나 미보사니 사바하 (三遍)

견실심합장인 두 손바닥이 닿도록 합장한다。

보궐진언
補闕眞言

옴 호로호로 사야모켸 사바하 (三七遍)

금강합장　열 손가락을 합하여 그 첫 마디를 교차하여 세운다.

헌좌진언
獻座眞言

아 금경설보엄좌
我今敬設寶嚴座

원멸진로망상심
願滅塵勞妄想心

봉헌일체산왕중
奉獻一切山王衆

속원해탈보리과
速圓解脫菩提果

옴 가마라 승하 사바하 (三遍)

헌좌인 이 인은 오른손의 소지와 무명지, 왼손의 소지와 무명지 네 손가락을 서로 깍지를 끼어 손바닥 안으로 넣는다. 양손의 중지는 바로 세워서 끝을 서로 붙인다. 오른손의 두지와 왼손의 두지 두 손가락은 각각 기대고 오른손과 왼손의 중지의 등에 오른손과 왼손의 대지 두 손가락은

## 보례진언 普禮眞言

아금일신중 我今一身中
즉현무진신 卽現無盡身
변재산왕전 遍在山王前
일일무수례 一一無數禮

옴 바아라 믹 (三遍)

### 다게(茶偈)

금장감로다 今將甘露茶
봉헌산왕전 奉獻山王前
감찰건간심 鑑察虔懇心
원수애납수 願垂哀納受

## 보공양진언 普供養眞言

옴 아아나 삼바바 바아라 훔 (三遍)

보공양인 두 손은 합장하고 두 중지는 오른손이 왼손 밖을 누르며 서로 깍지를 끼고 손등을 결박하여 붙이고 두 두지는 서로 줄어들게 해서 보배 형상을 한다. 印으로부터 무량한 갖가지의 향·꽃·등촉·바르는 향·음식·보배·당기·깃발·번기·일산을 유출하여 본존과 모든 성중의 앞에 공양한다고 관상한다.

※이상과 같이 점안의식을 마친 후에는 새로 모신 산신님께 공양을 올려드리는 勸供儀式을 거행한다.

◉ 가사점안(袈裟點眼)

가사피봉식(袈裟皮封式)

승가리 상품상일령 봉헌우제석보살전 증명비구 모 송주비구 모

僧伽梨 上品上一領 奉獻于帝釋菩薩前 證明比丘 某 誦呪比丘 某

양공비구 모 화주비구 모 시주 모인 근봉

良工比丘 某 化主比丘 某 施主 某人 謹封

가사이운(袈裟移運)

(造成後奉安帝釋壇上)

응호게(擁護偈)

팔부금강호도량

八部金剛護道場

공신속부보천왕

空神速赴報天王

삼계제천함래집

三界諸天咸來集

여금불찰보정상

如今佛刹補禎祥

248

가사 송(袈裟頌)

불조전래지차의
佛祖傳來只此衣

아손천재신귀의
兒孫千載信歸依

열봉조엽분명재
裂縫條葉分明在

천상인간하자희
天上人間荷者稀

산화락 (三說)
散花落

(三動鈸雷鼓三度 擧靈山引聲繞匝至法堂前止樂)

거령산(擧靈山)

나무영산회상불보살 (三說)
南無靈山會上佛菩薩

인성(引聲)

나무대성인로왕보살 (三說)
南無大聖引路王菩薩

헌불게(獻佛偈)

여래수승복
如來殊勝服

인간표복전
人間表福田

가사점안피봉식(袈裟點眼皮封式)　※조는 품계에 따라

봉헌제불전
奉獻諸佛前

원수애납수
願垂哀納受

대시주 모인 보체 경조승가리 사장일단 이십오조 상품상일영
大施主 某人 保體 敬造僧伽梨 四長一短 二十五條 上品上一領

봉헌우시방삼보자존전 증명비구 모 화주비구 모 퇴수비구 모
奉獻于十方三寶慈尊前 證明比丘 某 化主比丘 某 退受比丘 某

근봉
謹封

※ 印封된 가사를 부처님전에 옮김

250

가사점안(袈裟點眼)

(袈裟點眼則自喝香至嚴淨偈次燃臂懺悔偈云請詞次勸供)

할향(喝香)

차안전단무별물
此岸栴檀無別物

연향게(燃香偈)

약인능이일진소
若人能以一塵消

원종청정자심생
元從淸淨自心生

중기자연개구족
衆氣自然皆具足

원차향연역여시
願此香煙亦如是

변시방찰상분복
遍十方刹常芬馥

계정혜해지견향
戒定慧解知見香

훈현자타오분신
熏現自他五分身

할등(喝燈)

달마전등위계활
達磨傳燈爲計活

종사병촉작가풍
宗師秉燭作家風

등등상속방불멸 燈燈相續方不滅

대대유통진조종 代代流通振祖宗

연등게(燃燈偈)

대원위주대비유 大願爲炷大悲油

대사위화삼법취 大捨爲火三法聚

보리심등조법계 菩提心燈照法界 아아훔 阿阿吽

조제군생원성불 照諸群生願成佛

할화(喝花)

함담홍련동염정 菡萏紅蓮同染淨

모란화왕함묘유 牧丹花王舍妙有

갱생황국상후신 更生黃菊霜後新

작약금예체분방 芍藥金蘂體芬芳

서찬게(舒讚偈)

아금신해선근력 我今信解善根力

불법승보가지력 佛法僧寶加持力

급여법계연기력 及與法界緣起力

소수선사원원만 所修善事願圓滿

# 삼귀의(三歸依)

※ 약례 시 삼지심(지심신례 불타야 양족존、 지심신례 달마야 이욕존、 지심신례 승가야 중중존)。

불찬(佛讚)

자재치성여단엄 自在熾盛與端嚴
여시육덕개원만 如是六德皆圓滿
명칭길상급존귀 名稱吉祥及尊貴
응당총호바가범 應當摠號薄伽梵

지심신례 불타야 양족존
志心信禮 佛陀耶 兩足尊

삼각원 만덕구 천인아 조어사 아아훔 범성대자부 종진계 등응지
三覺圓 萬德具 天人阿 調御師 阿阿吽 凡聖大慈父 從眞界 等應持

비화보 수궁아 삼제시 횡변시방처 진법뇌명법고 광부아권실교
悲化報 竪窮阿 三際時 橫徧十方處 震法雷鳴法鼓 廣敷阿權實敎

아아훔 대개방편로 약귀의 능소멸지옥고
阿阿吽 大開方便路 若歸依 能消滅地獄苦

법찬(法讚)

계경응송여수기
契經應頌與授記

풍송자설급연기
諷誦自說及緣起

본사본생역방광
本事本生亦方廣

미증비유병논의
未曾譬喩幷論議

지심신례 달마야 이욕존
志心信禮 達摩耶 離欲尊

보장취옥함축 결집아 어서역 아아흠 번역전동토 조사홍 현철판
寶藏聚玉函軸 結集阿 於西域 阿呵吽 飜譯傳東土 祖師弘 賢哲判

성장소 삼승아 분돈점 오교정종취 귀신흠용천호 도미아 표월지
成章疏 三乘阿 分頓漸 五教正宗趣 鬼神欽龍天護 導迷阿 摽月指

아아흠 제열침감로 약귀의 능소멸아귀고
阿呵吽 除熱斟甘露 若歸依 能消滅餓鬼苦

승찬(僧讚)

등지삼현병사과 보살성문연각승
等地三賢幷四果 菩薩聲聞緣覺僧

무색성중현색성 대비위체이군생
無色聲中現色聲 大悲爲體利群生

254

지심신례 승가야 중중존
志心信禮　僧伽耶　衆中尊

오덕사륙화려 이생아 위사업 아아훔 홍법시가무 피요진 상연좌
五德師六和侶　利生阿　爲事業　吘吘吽　弘法是家務　避擾塵　常宴坐

적정처 차신아불취의 충장채신우 발항룡석해호 법등아 상변조
寂靜處　遮身阿拂毺衣　充腸菜莘芋　鉢降龍錫解虎　法燈阿　常徧照

아아훔 조인상전부 약귀의 능소멸방생고
吘吘吽　祖印相傳付　若歸依　能消滅傍生苦

(繞匝、鳴鈸)

합장게 (合掌偈)

합장이위화　신위공양구
合掌以爲花　身爲供養具

성심진실상　찬탄향연부
誠心眞實相　讚歎香烟覆

고향게 (告鄉偈)

향연변부삼천계
香烟遍覆三千界

유원삼보대자비
唯願三寶大慈悲

상부개계(詳夫開啓)

정혜능개팔만문
定慧能開八萬門

문차신향임법회
聞此信香臨法會

상부 수함청정지공 향유보훈지덕 고 장법수 특훈묘향 쇄사법연
詳夫 水舍淸淨之功 香有普熏之德 故將法水 特熏妙香 灑斯法筵

성우정토
成于淨土

쇄수게(灑水偈)

관음보살대의왕 감로병중법수향
觀音菩薩大醫王 甘露瓶中法水香

쇄탁마운생서기 소제열뇌획청량
灑濯魔雲生瑞氣 消除熱惱獲淸凉

복청게(伏請偈)

복청대중 동음창화 신묘장구 대다라니
伏請大衆 同音唱和 神妙章句 大陀羅尼

256

법회에 모인 대중들은 다 같이 세 편 풍송하고、다른 한 쪽에서는 범음이 탁자 앞에 진입하여 향을 꽂는다。왼손은 물에 담긴 그릇을 들고、오른손으로는 버드나무 가지를 잡고 물을 찍어 떨어뜨리고 향에 훈 하는 의식을 세 번 한다。그리고는 그 물을 세 번 저어서 뿌린다。그런 다음 법당을 한 바퀴 돌고、그 다음에는 정중을 한 바퀴 돌며、마지막으로는 낭외를 한 바퀴 돈다。그리고 삼변정토에 비교하여 법당 안을 세 바퀴 도는 것도 가능하다。

## 신묘장구대다라니
### 神妙章句大陀羅尼

나모라 다나 다라 야야 나막 알약 바로기뎨 새바라야 모디 사
다바야 마하 사다바야 마하 가로니가야 옴 살바 바예수 다라나
가라야 다사명 나막 가리다바 이맘 알야 바로기뎨 새바라 다바
이라간타 나막 하리나야 마발다 이샤미 살발타 사다남 슈반 아
예염 살바 보다남 바바말아 미수다감 다냐타 옴 아로계 아로가
마디로가 디가란뎨 혜혜 하례 마하모디 사다바 사마라 사마라
하리나야 구로 구로 갈마 사다야 사다야 도로 도로 미연뎨 마

하 미연뎨 다라다라 다린나례 새바라 자라자라 마라 미마라 아

마라 몰뎨 예혜혜 로계 새바라 라아 미사미 나사야 나볘 사미

사미 나사야 모하 자라 미사미 나사야 호로 호로 마라 호로 하

례 바나마 나바 사라 시리 시리 소로소로 못자못자 모다

야 모다야 매다리야 니라간타 가마샤 날사남 바라 하라 나야

마낙 사바하 싣다야 사바하 마하 싣다야 사바하 싣다유예 새바

라야 사바하 니라 간타야 사바하 바라 목카 싱하 목카야 사

바하 바나마 하따야 사바하 자가라 욕다야 사바하 샹카 섭나녜

모다나야 사바하 마하라 구타 다라야 사바하 바마 사간타 니샤

시톄다 가릿나 이나야 사바하 먀가라 잘마 니바 사나야 사바하

나모라 다나다라 야야 나막 알약 바로기뎨 새바라야 사바하 (三遍)

사방찬(四方讚)

일쇄동방결도량 一灑東方潔道場

이쇄남방득청량 二灑南方得淸涼

삼쇄서방구정토 三灑西方俱淨土

사쇄북방영안강 四灑北方永安康

엄정게(嚴淨偈)

도량청정무하예 道場淸淨無瑕穢

삼보천룡강차지 三寶天龍降此地

아금지송묘진언 我今持誦妙眞言

원사자비밀가호 願賜慈悲密加護

참회게(懺悔偈)

아석소조제악업 我昔所造諸惡業

개유무시탐진치 皆由無始貪瞋癡

종신구의지소생 從身口意之所生

일체아금개참회 一切我今皆懺悔

연비(燃臂)

백겁적집죄 百劫積集罪　일념돈탕진 一念頓蕩盡　여화분고초 如火焚枯草　멸진무유여 滅盡無遺餘

# 참회진언 懺悔眞言

옴 살바 못자 모지 사다야 사바하 (三七遍)

멸죄인 먼저 오른손 대지로써 중지 손톱 위를 눌러 나머지 세 손가락을 곧게 펴 좌우도 똑같이 한다. 오른손 대지 손톱으로써 왼손 대지 손톱 위를 누르고 심장 앞에 바로 대며 진언을 송한다.

# 정삼업진언 淨三業眞言

옴 사바바바 수다 살바달마 사바바바 수도함 (三遍)

이차대경고 以此大敬故
자타획무구 自他獲無垢

여선불소참 如先佛所懺
아금역여시 我今亦如是
원승가지력 願承加持力

아종과거세 我從過去世
유전어생사 流傳於生死
금대대성존 今對大聖尊
진심이참회 盡心而懺悔

쌍슬장궤이 雙膝長跪已
합장허심주 合掌虛心住
성심진진설 誠心盡陳說
삼업일체죄 三業一切罪

중생실청정 衆生悉清淨

260

**연화합장** 일체 유정의 본성이 본래 청정하나 모진 객진에 덮여 진여를 깨닫지 못함을 생각하고 관찰하라。 이 때문에 이 삼밀가지를 설하는 것이며、 자타로 하여금 청정함을 얻게 한다。

## 개단진언

開壇眞言

옴 바아라 노아로 다가다야 삼마야 바라볘 사야 훔(三遍)

개문인 먼저 두 손으로 나란히 금강권을 결하고 오른손 두지와 왼손의 두지를 서로 우러르듯 받친다。 오른손의 소지와 왼손의 소지는 어금니가 서로 갈고리를 걸듯이 하고 오른손의 두지와 왼손의 두지로 법단의 문을 연다。

## 건단진언

建壇眞言

옴 난다난다 나지나지 난다바리 사바하 (三遍)

작단인 두 손은 각각 금강권을 짓고 오른손의 두지와 왼손의 두지、 오른손의 소지와 왼손의 소지는 서로 갈고리처럼 껴서 이 인을 몸 앞에 두는데、 즉 허공계에 두루 대만다라를 이룬다。

라자색선백 공점이엄지 여피계명주 치지어정상
羅字色鮮白 空點以嚴之 如彼髻明珠 置之於頂上

진언동법계 무량중죄제 일체촉예처 당가차자문
眞言同法界 無量衆罪除 一切觸穢處 當加此字門

나무 사만다 못다남 람 (三遍)

금강합장인 열 손가락을 합하여 그 첫 마디를 교차하여 세운다. 이것은 수행자가 본존에 대한
공경과 견고한 믿음을 나타낸다고 하여 歸命合掌이라고도 한다.

거불(擧佛)

나무 청정법신 비로자나불
南無 淸淨法身 毘盧遮那佛

나무 원만보신 노사나불
南無 圓滿報身 盧舍那佛

나무 천백억화신 석가모니불
南無 千百億化身 釋迦牟尼佛

普召請眞言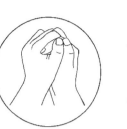

나무 보보제리 가리다리 다타 아다야 (三遍)

소청인 두 손의 두지、중지、무명지、소지를 오른손으로 왼손바닥 안으로 누르며 안으로 서로 깍지를 끼고 서로 갈고리처럼 걸듯이 바싹 쥐고 두 대지를 폈다가 위에서 아래로 내린다。

유치(由致)

앙유가사자 여래상복 보살대의 피지자 능작복전 성지자역위승과
仰惟袈裟者 如來上服 菩薩大衣 被之者 能作福田 成之者易爲勝果

대범제석좌남북이옹호 사방천왕입사우이시위 용왕괘체금무독해
大梵帝釋坐南北而擁護 四方天王立四隅而侍衛 龍王掛體禽無毒害

지심 엽사피신 수유공경지의 발원자천재설산 조성자백복운흥
之心 獵士被身 獸有恭敬之意 發願者千災雪散 造成者百福雲興

시이 사바세계 운운 수월도량 공화불사 재자경조승가리
是以 娑婆世界 云云 水月道場 空華佛事 齋者敬造僧伽梨

某長 某短 某條 某品

모장 모단 모조 모품

(上三品: 四長一短 上上品 - 二十五條、 上中品 - 二十三條、 上下品 - 二十一條)

(中三品: 三長一短 中上品 - 十九條、 中中品 - 十七條、 中下品 - 十五條)

(下三品: 二長一短 下上品 - 十三條、 下中品 - 十一條、 下下品 - 九條)

某領 大施主 云云 各出一隻手 虔誠努力 不惜塵財 合成袈裟 幾領

모령 대시주 운운 각출일척수 건성노력 불석진재 합성가사 기령

今已畢功 仍呈玉粒 特爇名香 獻上十方 無盡三寶 不捨慈悲 咸降

금기필공 잉정옥립 특설명향 헌상시방 무진삼보 불사자비 함강

香筵 謹秉一心 先陳三請

향연 근병일심 선진삼청

※ 약례 증명청사 시 p.271.

청사(請詞)

南無一心奉請 蓮華藏世界 清淨法身 毘盧遮那佛等 一切諸佛

나무일심봉청 연화장세계 청정법신 비로자나불등 일체제불

惟願慈悲 降臨道場 證明功德

유원자비 강림도량 증명공덕 (三請)

264

가영(歌詠)

위광변조만건곤 威光遍照滿乾坤　진계무위해탈문 眞界無爲解脫門

운암일명신내영 雲暗日明身內影　산청수벽경중흔 山靑水碧鏡中痕

고아일심귀명정례 故我一心歸命頂禮

나무일심봉청 천화대 연장계 원만보신 노사나불등 일체제불
南無一心奉請 千花臺 蓮藏界 圓滿補身 盧舍那佛等 一切諸佛

유원자비 강림도량 증명공덕 唯願慈悲 降臨道場 證明功德 (三請)

향화청 香華請

가영(歌詠)

인원과만증여여

因圓果滿證如如

구경천중등보좌

究竟天中登寶座

고아일심귀명정례

故我一心歸命頂禮

의정장엄상상호수

依正莊嚴相好殊

보리수하현금구

菩提樹下現金軀

나무일심봉청 천화상 백억계 천백억화신 석가모니불등 일체

南無一心奉請 天花上 百億界 千百億化身 釋迦牟尼佛等 一切

제불 유원자비 강림도량 증명공덕 (三請)

諸佛 唯願慈悲 降臨道場 證明功德

향화청

香華請

가영(歌詠)

도솔야마영선서

兜率夜摩迎善逝

수미타화견여래

須彌他化見如來

동시동회동여차

同時同會同如此

월인천강불가시

月印千江不可猜

266

고아일심귀명정례
故我一心歸命頂禮

나무일심봉청 가사당세계 금강견고불등 일체제불 유원자비
南無一心奉請 袈裟幢世界 金剛堅固佛等 一切諸佛 唯願慈悲

강림도량 증명공덕 (三請)
降臨道場 證明功德

향화청
香華 請

가영(歌詠)

육근호용구무애
六根互用俱無碍

사지원명실혼륭
四智圓明悉混融

계수법왕무상사
稽首法王無上士

공수십력접군몽
共垂十力接群蒙

고아일심귀명정례
故我一心歸命頂禮

나무일심봉청 동방청유리세계 약사유리광불등 일체제불 유원
南無一心奉請 東方青琉璃世界 藥師琉璃光佛等 一切諸佛 唯願

자비 강림도량 증명공덕 (三請)
慈悲 降臨 道場 證明 功德

향화청
香華 請

가영(歌詠)

동방세계명만월
東方世界名滿月

불호유리광교결
佛號琉璃光皎潔

두상선라청사산
頭上旋螺青似山

미간호상백여설
眉間毫相白如雪

고아일심귀명정례
故我一心歸命頂禮

나무일심봉청 서방극락세계 사십팔대원 아미타불등 일체제불
南無一心奉請 西方極樂世界 四十八大願 阿彌陀佛等 一切諸佛

유원자비 강림도량 증명공덕 (三請)
唯願慈悲 降臨道場 證明功德

향화청
香華 請

가영(歌詠)

무량광중화불다
無量光中化佛多

앙첨개시아미타
仰瞻皆是阿彌陀

응신각정황금상
應身各挺黃金相

보계도선벽옥라
寶髻都旋碧玉螺

고아일심귀명정례
故我一心歸命頂禮

나무일심봉청 도솔천 내궁원 자씨미륵존불등 일체제불 유원
南無一心奉請 兜率天 內宮院 慈氏彌勒尊佛等 一切諸佛 唯願

자비 강림도량 증명공덕 (三請)
慈悲 降臨道場 證明功德

향화청
香華請

가영(歌詠)

고거도솔허제반
高居兜率許躋攀

원애용화조우난
遠埃龍華遭遇難

백옥호휘충법계
白玉毫輝充法界
자금의상화진환
紫金儀相化塵寰

고아일심귀명정례
故我一心歸命頂禮

나무일심봉청 진허공 변법계 과현미래 불법승삼보 유원자비
南無一心奉請 盡虛空 徧法界 過現未來 佛法僧三寶 唯願慈悲

강림도량 증명공덕 (三請)
降臨道場 證明功德

향화청
香華請

가영(歌詠)

위광변조시방중
威光遍照十方中

월인천강일체동
月印千江一體同

사지원명제성사
四智圓明諸聖士

분림법회이군생
賁臨法會利羣生

고아일심귀명정례
故我一心歸命頂禮

※ p.272 옹호청으로

나무일심봉청 연화장세계 청정법신비로자나불 천화대 연장계
南無一心奉請 蓮華藏世界 淸淨法身毘盧遮那佛 千華臺 蓮藏界

원만보신노사나불 천화상 백억계 천백억화신석가모니불 가사당
圓滿報身盧舍那佛 千華上 百億界 千百億化身釋迦牟尼佛 袈裟幢

세계 금강견고불 동방청청유리세계 약사유리광불 서방극락세계
世界 金剛堅固佛 東方靑琉璃世界 藥師瑠璃光佛 西方極樂世界

사십팔대원 아미타불 도솔천 내궁원 자씨미륵존불 도량교주
四十八大願 阿彌陁佛 兜率天 內宮院 慈氏彌勒尊佛 道場敎主

관세음보살 진허공 변법계 과현미래 제망중중 무진삼보 유원
觀世音菩薩 盡虛空 遍法界 過現未來 帝網重重 無盡三寶 唯願

자비 연민유정 강림도량 증명공덕 수차공양 (三請)
慈悲 憐愍有情 降臨道場 證明功德 受此供養

향화청
香華請

불신보변시방중　삼세여래일체동
佛身普遍十方中　三世如來一切同

광대원운항부진　왕양각해묘난궁
廣大願雲恒不盡　汪洋覺海杳難窮

고아일심귀명정례
故我一心歸命頂禮

---

〔次舉新佛請及威光遍照歌詠　而雖不請　亦無妨　故今不書〕

옹호청(擁護請)

나무일심봉청 상어일체 작법지처 자엄등시 위작옹호 상방대범
南無一心奉請　常於一切　作法之處　慈嚴等施　爲作擁護　上方大梵

천왕 제석천왕 동방지국천왕 남방증장천왕 서방광목천왕 북방
天王　帝釋天王　東方持國天王　南方增長天王　西方廣目天王　北方

다문천왕 하계당처 토지가람 호법선신 일체영기등중 유원승
多聞天王 下界當處 土地伽藍 護法善神 一切靈祇等衆 唯願承

삼보력 강림도량 옹호법연 (三請)
三寶力 降臨道場 擁護法筵

**향화청**
香華請

가영(歌詠)

**범왕제석사천왕**
梵王帝釋四天王

**불법문중서원견**
佛法門中誓願堅

**열입초제천만세**
列立招提千萬歲

**자연신용호금선**
自然神用護金仙

고아일심귀명정례
故我一心歸命頂禮

**헌좌진언**
獻座眞言

**묘보리좌승장엄**
妙菩提座勝莊嚴

**제불좌이성정각**
諸佛坐已成正覺

아금헌좌역여시
我今獻座亦如是
자타일시성불도
自他一時成佛道

옴 바아라 미나야 사바하 (三遍)

다게(茶偈)

감찰단나건간심
鑑察檀那虔懇心

원수자비애납수
願垂慈悲哀納受

금장묘약급명다
今將妙藥及茗茶

봉헌시방삼보전
奉獻十方三寶前

향수나열 제자건성 욕구공양지주원 수장가지지변화 앙유삼보
香羞羅列 齊者虔誠 欲求供養之周圓 須仗加持之變化 仰唯三寶

기성가지(祈聖加持)

특사가지
特賜加持

「나무시방불 나무시방법 나무시방승」(三說)
南無十方佛 南無十方法 南無十方僧

무량위덕자재광명승묘력 변식진언
無量威德自在光明勝妙力 變食眞言

나막 살바다타 아다 바로기제 옴 삼바라 삼바라 훔 (三七遍)

**시감로수진언** 施甘露水眞言

나무 소로바야 다타 아다야 다냐다 옴 소로 소로 바라 소로바라 소로사바하 (三七遍)

**일자수륜관진언** 一字水輪觀眞言

옴 밤밤밤밤 (三七遍)

**유해진언** 乳海眞言

나무 사만다 못다남 옴 밤 (三七遍)

**운심공양진언** 運心供養眞言

**원차향공변법계** 願此香供遍法界

**자비수공증선근** 慈悲受供增善根

**보공무진삼보해** 普供無盡三寶海

**영법주세보불은** 令法住世報佛恩

나막 살바다타 아제 백미 새바 목케배약 살바다캄 오나아제 바

라해 맘 옴 아아나참 사바하 (三遍)

가지공양(加持供養)

상래가지이흘 공양장진 원차향위해탈지견 원차등위반야지광
上來加持已訖 供養將陳 願此香爲解脫知見 願此燈爲般若智光

원차수위감로제호 원차식위법희선열 내지 번화호열 다과교진
願此水爲甘露醍醐 願此食爲法喜禪悅 乃至 幡華互列 茶菓交陳

(내지 하이구관기설지) 즉세체지장엄 성묘법지공양자비소적 정혜소훈
(乃至 下二句觀機說之) 卽世諦之莊嚴 成妙法之供養慈悲所積 定慧所熏

이차향수특신배헌
以此香羞特伸拜獻

육법공양(六法供養)

향공양 연향공양
香供養 燃香供養
불사자비수차공양
不捨慈悲受此供養　拜

등공양 연등공양
燈供養 燃燈供養
불사자비수차공양
不捨慈悲受此供養　拜

276

화공양 선화공양 華供養 仙華供養 불사자비수차공양 不捨慈悲受此供養 拜

과공양 선과공양 菓供養 仙菓供養 불사자비수차공양 不捨慈悲受此供養 拜

다공양 선다공양 茶供養 仙茶供養 불사자비수차공양 不捨慈悲受此供養 拜

미공양 향미공양 米供養 香味供養 불사자비수차공양 不捨慈悲受此供養 拜

이차가지묘공구 以此加持妙供具 공양시방제불타 供養十方諸佛陀 拜

이차가지묘공구 以此加持妙供具 공양시방제달마 供養十方諸達磨 拜

이차가지묘공구 以此加持妙供具 공양시방제승가 供養十方諸僧伽 拜

유원자비수차공 唯願慈悲受此供 시작불사도중생 施作佛事度衆生 (起立)

보공양진언 普供養眞言

옴 아아나 삼바바 바아라 훔 (三遍)

(勸供如常 而至普供養眞言後 令施主頂戴)

정대게(頂戴偈)

인이대비청정수
仁以大悲清淨手

영어일체액난중
令於一切厄難中

모인보체획복원
某人保體獲福願
(모인영가왕생원)

현증복수무재해
現增福壽無災害

일생재해불부침
一生災害不復侵

일문권속이제란
一門眷屬離諸難

섭취억념제중생
攝取憶念諸衆生

획득무우안온락
獲得無憂安穩樂

조성가사금정대
造成袈裟今頂戴

화곡풍등일점흥
禾穀豐登日漸興

후득무상보리과
後得無上菩提果

동득이익영청정
同得利益令清淨

보회향진언
普回向眞言

옴 삼마라 삼마라 미만나 사라마하 자가라 바훔 (三遍)

# 표백(表白)

절이 차시삼세여래 섭화위생지상복 사내시방보살 근수만행지

切以 此是三世如來 攝化羣生之上服 斯乃十方菩薩 勤修万行之

대의 발원자 해탈재앙 경시자 증숭복록 시이 금자시주 모씨

大衣發源者 解脫灾殃 敬施者 增崇福祿 是以 今者施主 某氏

근사가진 공성법복 겸비진수 이신공양 복원 모씨보체 승자묘리

謹捨家珍 恭成法服 兼備珍羞 以伸供養 伏願 某氏保體 承兹妙利

뢰차양연중성 결지자천호념 신심쾌락 복수연장 멸악업이추상

賴此良緣衆聖 抉持者天護念 身心快樂 福壽延長 滅惡業而秋霜

생선아이춘로 여파일적등목 군생위여상연 시방삼세 일체제불

生善芽而春露 餘波一滴等沐 羣生爲如上緣 十方三世 一切諸佛

제존보살마하살 마하반야바라밀

諸尊菩薩摩訶薩 摩訶般若波羅密

수가사(受袈裟)

(此是施主向退受人請受袈裟之語)

대덕 일심염아제자 시주명 차승가리 모장일단 모조 모품 일령

大德 一心念我弟子 施主名 此僧伽梨 某長一短 某條 某品 一領

할절의지

割截衣持

(因以袈裟授退受人令頂戴)

정대게(頂戴偈)

옴 마하가바 바다신데 사바하 (七遍)

아금정대수 세세상득피

我今頂戴受 世世常得被

선재해탈복 무상복전의

善哉解脫服 無上福田衣

(各受袈裟後祝願)

삼영송(三纓頌)

하영결시 당원중생 이포외신 과법신체

下纓結時 當願衆生 離怖畏身 果法身體

중영결시
中纓結時

당원중생
當願衆生

득무생인
得無生忍

상속불학
常續佛學

상영결시
上纓結時

당원중생
當願衆生

득법운지
得法雲地

영불퇴전
永不退轉

착가사의
着袈裟衣

당원중생
當願衆生

심무소염
心無所染

구대선도
具大仙道

축원(祝願)

탈가사송(脫袈裟頌)　가사를 벗을 때

멸무량죄
滅無量罪

득무량복
得無量福

이생사고
離生死苦

득열반락
得涅槃樂

옴자 승가리 사바하 (七遍)

◎ 가사통문불(袈裟通門佛)

南無袈裟幢世界　上品會上　第一金剛幢佛　第二阿彌陀佛　第三釋迦牟尼佛　第四彌勒尊佛

第五阿閦佛　第六妙色身佛　第七妙音聲佛　第八香積光佛　第九大通智勝如來佛

南無袈裟幢世界　中品會上　第一維衛佛　第二尸棄佛　第三貝葉佛　第四拘留孫佛　第五拘

那含牟尼佛　第六迦葉佛　第七釋迦牟尼佛

南無袈裟幢世界　下品會上　第一清淨法身毘盧遮那佛　第二圓滿報身盧舍那佛　第三千百

億化身釋迦牟尼佛　第四九品導師阿彌陀佛　第五當來下生彌勒尊佛

南無袈裟幢世界　金剛堅固佛等　一切諸佛

道場敎主觀世音菩薩

爲作證明法師指空大和尚

爲作證明法師懶翁大和尚

爲作證明法師無學大和尚

惟願慈悲　爲作證明　成就佛事

# ◉ 조전점안(造錢點眼)

※ 할향부터 참회진언까지의 의식은, 의식용 천수경 정구업진언부터 참회진언까지 대신해도 무방함.

## 할향(喝香)

### 전단목주중생상
栴檀木做衆生像

### 만면천두수각리
萬面千頭雖各異

### 급여여래보살형
及與如來菩薩形

### 약문훈기일반향
若聞薰氣一般香

## 연향게(燃香偈)

### 계정혜해지견향
戒定慧解知見香

### 원차향연역여시
願此香煙亦如是

### 변시방찰상분복
遍十方刹常芬馥

### 훈현자타오분신
薰現自他五分身

할등(喝燈)

달마전등위계활　達磨傳燈爲計活

등등상속방불멸　燈燈相續方不滅

종사병촉작가풍　宗師秉燭作家風

대대유통진조종　代代流通振祖宗

연등게(燃燈偈)

보리심등조법계　菩提心燈照法界

대원위주대비유　大願爲炷大悲油

아아훔　阿阿吽

조제군생원성불　照諸群生願成佛

대사위화삼법취　大捨爲火三法聚

할화(喝花)

모란화왕함묘유　牧丹花王舍妙有

함담홍련동염정　菡萏紅蓮同染淨

작약금예체분방　芍藥金蘂體芬芳

갱생황국상후신　更生黃菊霜後新

서찬게(舒讚偈)

284

아금신해선근력
我今信解善根力

급여법계연기력
及與法界緣起力

불법승보가지력
佛法僧寶加持力

소수선사원원만
所修善事願圓滿

삼귀의(三歸依)

※ 약례 시 삼지심(지심신례 불타야 양족존、 지심신례 달마야 이욕존、 지심신례 승가야 중중존)。

불찬(佛讚)

자재치성여단엄
自在熾盛與端嚴

명칭길상급존귀
名稱吉祥及尊貴

여시육덕개원만
如是六德皆圓滿

응당총호바가범
應當摠號薄伽梵

지심신례 불타야 양족존
志心信禮 佛陀耶 兩足尊

삼각원 만덕구 천인아 조어사 아아훔 범성대자부 종진계 등응지
三覺圓 萬德具 天人阿 調御師 阿阿吽 凡聖大慈父 從眞界 等應持

비화보 수궁아 삼제시 횡변시방처 진법뇌명법고 광부아권실교
悲化報 竪窮阿 三際時 橫偏十方處 震法雷鳴法鼓 廣敷阿權實敎

아아훔 대개방편로 약귀의 능소멸지옥고
阿阿吽 大開方便路 若歸依 能消滅地獄苦

법찬(法讚)

계경응송여수기
契經應頌與授記

풍송자설급연기
諷誦自說及緣起

본사본생역방광
本事本生亦方廣

미증비유병논의
未曾譬喻幷論議

지심신례 달마야 이욕존
志心信禮 達摩耶 離欲尊

보장취옥함축 결집아 어서역 아아훔 번역전동토 조사홍 현철판
寶藏聚玉函軸 結集阿 於西域 阿阿吽 飜譯傳東土 祖師弘 賢哲判

성장소 삼승아 분돈점 오교정종취 귀신흠용천호 도미아 표월지
成章疏 三乘阿 分頓漸 五教正宗趣 鬼神欽龍天護 導迷阿 摽月指

아아훔 제열침감로 약귀의 능소멸아귀고
阿阿吽 除熱斟甘露 若歸依 能消滅餓鬼苦

등지삼현병사과　等地三賢幷四果

무색성중현색성　無色聲中現色聲

보살성문연각승　菩薩聲聞緣覺僧

대비위체이군생　大悲爲體利群生

지심신례　승가야　중중존　志心信禮　僧伽耶　衆中尊

오덕사륙화려　이생아　위사업　아아흠　홍법시가무　피요진　상연좌
五德師六和侶　利生阿　爲事業　呵呵吘　弘法是家務　避擾塵　常宴坐

적정처　차신아불취의　충장채신우　발항룡석해호　법등아　상변조
寂靜處　遮身阿拂毬衣　充腸菜莘芋　鉢降龍錫解虎　法燈阿　常徧照

아아흠　조인상전부　약귀의　능소멸방생고
呵呵吘　祖印相傳付　若歸依　能消滅傍生苦

합장게(合掌偈)

(繞匝、鳴鈸)

합장이위화
合掌以爲花

성심진실상
誠心眞實相

신위공양구
身爲供養具

찬탄향연부
讚歎香烟覆

고향게(告鄕偈)

향연변부삼천계
香烟遍覆三千界

정혜능개팔만문
定慧能開八萬門

유원삼보대자비
唯願三寶大慈悲

문차신향임법회
聞此信香臨法會

상부개계(詳夫開啓)

상부 수함청정지공 향유보훈지덕 고장법수 특훈묘향 쇄사법연
詳夫 水含淸淨之功 香有普熏之德 故將法水 特熏妙香 灑斯法筵

성우정토
成于淨土

쇄수게(灑水偈)

관음보살대의왕
觀音菩薩大醫王

감로병중법수향
甘露瓶中法水香

쇄탁마운생서기
灑濯魔雲生瑞氣

소제열뇌획청량
消除熱惱獲清凉

복청게(伏請偈)

복청대중 동음창화 신묘장구 대다라니
伏請大衆 同音唱和 神妙章句 大陀羅尼

천수(千手)

신묘장구대다라니
神妙章句 大陀羅尼

나모라 다나 다라 야야 나막 알약 바로기뎨 새바라야 모디 사
다바야 마하 사다바야 마하 가로니가야 옴 살바 바예수 다라나
가라야 다사명 나막 가리다바 이맘 알야 바로기뎨 새바라 다바
이라간타 나막 하리나야 마발다 이샤미 살발타 사다남 슈반 아

예염 살바 보다남 바바말야 미수다감 다냐타 옴 아로계 아로가

마디로가 디가란뎨 혜혜 하례 마하모디 사다바 사마라 사마라

하리나야 구로 구로 갈마 사다야 도로 도로 미연뎨 마

하 미연뎨 다라다라 다린나례 새바라 자라자라 마라 미마라 아

마라 몰뎨 예혜혜 로계 새바라 라아 미사미 나사야 나베 사미

사미 나사야 모하 자라 미사미 나사야 호로 마라 호로 하

례 바나마 나바 사라 사라 시리 시리 소로소로 못자못자 모다

야 모다야 매다리야 니라간타 가마샤 날사남 바라 하라 나야

마낙 사바하 싣다야 사바하 마하 싣다야 사바하 싣다유예 새바

라야 사바하 니라 간타야 사바하 바라하 목카 싱하 목카야 사

바하 바나마 하따야 사바하 자가라 욕다야 사바하 샹카 셥나녜

모다나야 사바하 마하라 구타 다라야 사바하 바마 사간타 니샤

시례다 가릿나 이나야 사바하 먀가라 잘마 니바 사나야 사바하

나모라 다나다라 야야 나막 알약 바로기뎨 새바라야 사바하 (三遍)

사방찬(四方讚)

일쇄동방결도량
一灑東方潔道場

이쇄남방득청량
二灑南方得淸涼

삼쇄서방구정토
三灑西方俱淨土

사쇄북방영안강
四灑北方永安康

엄정게(嚴淨偈)

도량청정무하예
道場淸淨無瑕穢

삼보천룡강차지
三寶天龍降此地

아금지송묘진언
我今持誦妙眞言

원사자비밀가호
願賜慈悲密加護

참회게(懺悔偈)

아석소조제악업
我昔所造諸惡業

개유무시탐진치
皆由無始貪瞋癡

종신구의지소생
從身口意之所生

일체아금개참회
一切我今皆懺悔

백겁적집죄 百劫積集罪　일념돈탕진 一念頓蕩盡　여화분고초 如火焚枯草　멸진무유여 滅盡無遺餘

## 참회진언 懺悔眞言

옴 살바 못자 모지 사다야 사바하 (三七遍)

※ 양지(楊枝) 스물한가지로 발을 만들어 그 위에 점안하고자 하는 지전을 쌓아 올린다. 쇄수할 물은 월덕방위(月德方位): 正、五、九月은 丙(인、오、술)、二、六、十月은 甲(해、묘、미)、三、七、至月은 壬(신、자、진)、四、八、臘月에는 庚(사、유、축)에서 길어와 증명상에 준비하며、모든 진언은 백팔편씩 지송한다.

(各眞言百八遍)

## 월덕수진언 月德水眞言

옴 바아라 흠 밤 사바하 (百八遍)

## 조전진언 造錢眞言

옴 아라흠 사바하 (百八遍)

## 성전진언 成錢眞言

옴 반자나 흠 사바하 (百八遍)

나무불수 南無佛水　나무법수 南無法水　나무승수 南無僧水　나무오방용왕수 南無五方龍王水 (三七遍)

쇄향수진언
灑香水眞言

옴 바아라 바훔 (百八遍)

변성금은전진언
變成金銀錢眞言

옴 반자나 반자니 사바하 (百八遍)

개전진언
開錢眞言

옴 자나니 훔 사바하 (百八遍)

괘전진언
掛錢眞言

옴 발사라 반자니 사바하 (百八遍)

※ 이운을 별도로 하지 않을 경우 헌전진언으로 마치며、 이운을 할 경우 금은전이운의 식을 함。

헌전진언
獻錢眞言

옴 아자나 훔 사바하 (百八遍)

# ◉ 금은전이운(金銀錢移運)

옹호게(擁護偈)

**팔부금강호도량** 八部金剛護道場
**공신속부보천왕** 空身速赴報天王

**삼계제천함래집** 三界諸天咸來集
**여금불찰보정상** 如今佛刹報楨祥

이운게(移運偈)

**수도금은산부동** 誰道金銀山不動
**불번천제명과아** 不煩天帝命夸娥

**인간지작명간보** 人間紙作冥間寶
**진시여래묘력다** 儘是如來妙力多

**산화락** (三說)
散花落

**나무마하반야바라밀** (三說)
南無摩訶般若波羅密

294

경함이운(經函移運)

묘법하수별처토<br>
妙法何須別處討

인인불식원주재<br>
人人不識圓珠在

화화초초노전기<br>
花花草草露全機

야사능인권폐의<br>
也使能仁捲蔽衣

동경게(動經偈)

주위산진등정안<br>
珠爲山珍登淨案

대승법력난사의<br>
大乘法力難思議

약인요병사금병<br>
藥因療病瀉金瓶

약천망령전차경<br>
若薦亡靈轉此經

염화게(拈花偈)

화과일시동묘법<br>
花果一時同妙法

금장수타부용예<br>
金將數朵芙蓉藥

염중상정역여연<br>
染中常淨亦如然

공양영산법보전<br>
供養靈山法寶前

산화락 (三說)
散花落

나무 영산회상 일체제불제대보살마하살 (三說)
南無 靈山會上 一切諸佛諸大菩薩摩訶薩

헌전진언
獻錢眞言

옴 아자나 훔 사바하 (三遍)

헌전게(獻錢偈)

화지성전겸비수
化紙成錢兼備數

퇴퇴정사백은산
堆堆正似白銀山

금장봉헌명관전
今將奉獻冥官前

물기망망광야간
勿棄茫茫曠野間

찬경게(讚經偈)

묘경공덕설난진
妙經功德說難盡

불어임중최후담
佛語臨中最後談

산호해묵허공지
山毫海墨虛空紙

일자법문서불함
一字法門書不咸

296

〔造像處至近則 預安邀後點眼爲始作法故 不用移運之禮 造像處甚遠 則其處仍爲點眼後 移運法堂故

須用移運之禮也 法衆齊會造像處 一切威儀列立 大鐘十八搥 點鐘七搥 證明法主 分立左右 鳴螺三旨

鳴鈸一宗 梵音唱擁護偈〕

옹호게(擁護偈)

**팔부금강호도량**
八部金剛護道場

**삼계제천함래집**
三界諸天咸來集

**공신속부보천왕**
空神速赴報天王

**여금불찰보정상**
如今佛刹補禎祥

〔證明想諸天地神空神咸來 慰護道場 叅柱打柱三搥 擊三雷聲 鍾頭點鍾五搥 中番讚佛世出偈云云

塵點刼前云云 次活搥五通〕

찬불출세게(讚佛出世偈)

진묵겁전조성불
塵墨劫前早成佛

위도중생현세간
爲度衆生現世間

외외덕상월윤만
巍巍德相月輪滿

어삼계중작도사
於三界中作導師 (活拙五通)

출산게(出山偈)

약야산중봉자기
若也山中逢子期

의장황엽하산하
豈將黃葉下山下

외외낙락정나나
巍巍落落淨裸裸

독보건곤수반아
獨步乾坤誰伴我

魚山靈山 與人同樂 至法堂前下輦

(次三番 世尊當入雪山中云云 大都監執杖 禁雜人判首執禁板 一切威儀引拜 維那陪輦 大衆誦楞嚴呪)

설산게(雪山偈)

세존당입설산중
世尊當入雪山中

일좌불지경육년
一坐不知經六年

인견명성운오도
因見明星云悟道

언전소식변삼천
言詮消息徧三千

나무대불정여래 밀인수증요의 제보살만행수능엄신주
南無大佛頂如來 密印修證了義 諸菩薩萬行首楞嚴神呪

다냐타 옴 아나례 비사제 비라 바아라 다리반다 반다니 바아라 바니반 호흠 다로옹박 사바하 (三遍)

산화락 (三說)
散花落

거령산(擧靈山)

나무영산회상불보살 (三說)
南無靈山會上佛菩薩

(引聲繞匝與衆同樂至法堂前下輦)

등상게(登床偈)

변등사자좌
遍登獅子座

공림시방계
共臨十方界

준준제중생
蠢蠢諸衆生

인도연화계
引導蓮華界

좌불게(坐佛偈)

청입제불연화좌
請入諸佛蓮花座

강림천엽보련대
降臨千葉寶蓮臺

보살연각성문중
菩薩緣覺聲聞衆

유원불사대자비
惟願不捨大慈悲

찬불게(讚佛偈)

비여천일출
比如千日出

세존좌도량
世尊坐道場

조요대천계
照耀大千界

청정대광명
清淨大光明

영산지심(靈山至心)

지심귀명례 영산회상 염화시중 시아본사서가모니불
志心歸命禮 靈山會上 拈化示衆 是我本師釋迦牟尼佛

유원영산자비수아정례 (三說)
唯願靈山慈悲受我頂禮

헌좌진언
獻座眞言

묘보리좌승장엄
妙普提座勝莊嚴

아금헌좌역여시
我今獻座亦如是

제불좌이성정각
諸佛坐已成正覺

자타일시성불도
自他一時成佛道

옴 바아라 미나야 사바하 (三遍)

진다다게 (進茶茶偈)

금장묘약급명다
今將妙藥及茗茶

부감단나건감심
俯鑑檀那虔懇心

봉헌이운대법회
奉獻移運大法會

원수자비애납수
願垂慈悲哀納受

보공양진언
普供養眞言

옴 아아나 삼바바 바아라 훔 (三遍)

(獻佛像後 敬禮而退 或進供如常 祝願爲可)

● 괘불이운(掛佛移運)

(轉鐘及鳴螺三旨後鳴鈸 一宗次)

옹호게(擁護偈)

팔부금강호도량
八部金剛護道場

삼계제천함래집
三界諸天咸來集

공신속부보천왕
空神速赴報天王

여금불찰보정상
如今佛刹補禎祥

찬불게(讚佛偈)

진묵겁전조성불
塵墨劫前早成佛

외외덕상월윤만
巍巍德相月輪滿

위도중생현세간
爲度衆生現世間

어삼계중작도사
於三界中作導師

302

출산게(出山偈)

외외낙락정나나
巍巍落落淨裸裸

독보건곤수반아
獨步乾坤誰伴我

약야산중봉자기
若也山中逢子期

긔장황엽하산하
豈將黃葉下山下

염화게(拈化偈)

인인본구종난시
人人本具終難恃

만행신개대복전
萬行新開大福田

보살제화헌불전
普薩提花獻佛前

유래차법자서천
由來此法自西天

산화락 (三說)
散化落

나무영산회상불보살 (三說)
南無靈山會上佛菩薩

(引聲繞匝至庭中止樂次登床偈云)

등상게(登床偈)

변등사자좌
遍登獅子座

공림시방계
共臨十方界

준준제중생
蠢蠢諸衆生

인도연화계
引導蓮華界

사무량게(四無量偈)

대자대비민중생
大慈大悲愍衆生

대희대사제함식
大喜大捨濟含識

상호광명이자엄
相好光明以自嚴

중등지심귀명례
衆等志心歸命禮

영산지심(靈山至心)

지심귀명례 영산회상 염화시중 시아본사서가모니불
志心歸命禮 靈山會上 拈化示衆 是我本師釋迦牟尼佛

유원영산자비수아정례 (三說)
唯願靈山慈悲受我頂禮

헌좌진언
獻座眞言

묘보리좌승장엄
妙普提座勝莊嚴

아금헌헌역여시
我今獻座亦如是

옴 바아라 미나야 사바하 (三遍)

제불좌이성정각
諸佛坐已成正覺

자타일시성불도
自他一時成佛道

다게(茶偈)

금장묘약급명다
今將妙藥及茗茶

부감단나건감심
俯鑑檀那虔懇心

봉헌영산대법회
奉獻靈山大法會

원수자비애납수
願垂慈悲哀納受

보공양진언
普供養眞言

옴 아아나 삼바바 바아라 훔 (三遍)

# ● 파불급경가사소송법(破佛及經架裟燒送法)

※ 불상이운의식(p。297~p。301)을 모신 후 소대에서 거행한다。

재계(齋戒)의 의식은 한 결 같이 새로 조성할 때와 같이 하고 탁상(卓上)에 봉안하여 공양을 올리는
의식은 평상시 하던 대로 한다。이러한 연유(緣由)를 삼보에 우러러 아뢰고 축원(祝願)을 끝낸 다
음 높은 곳의 반석 위에서 태운다。)

금차 지극지정성 파불봉송제자 모산 모사 사부대중 지심봉송
今此 至極之精誠 破佛奉送弟子 某山 某寺 四部大衆 至心奉送

아이청정심 　　분소고공덕 　　원차향연염 　　변성향운개
我以清淨心 　　焚燒故功德 　　願此香烟焰 　　變成香雲盖

변만시방계 　　공양무량불 　　제법종연생 　　역종인연멸
遍滿十方界 　　供養無量佛 　　諸法從緣生 　　亦從因緣滅

아불대사문 　　상작여시설 　　「옴 미로마라 사바하」(三七遍)
我佛大沙門 　　常作如是說

※ 몇 번을 할 것인가의 번수는 상관하지 말고 향이 다 탈 때까지 한정으로 한다. 준제주(准提呪)

나 대명주(大明呪)나 재앙을 소멸하는 주문(消災呪)을 해도 된다.

## 준제진언
准提眞言

나무 사다남 삼먁삼못다 구치남 다냐타 옴 자례 주례 준제 사

바하 부림 (三七遍)

## 육자대명왕진언
六字大明王眞言

옴 마니 반메 훔 (三七遍)

## 불설소재길상다라니
佛說消災吉祥陀羅尼

나무 사만다 못다남 아바라지 하다사 사나남 다냐타 옴 카카

카혜카혜 훔훔 아바라 아바라 바라 아바라 바라 아바라 지따지

따 지리지리 빠다빠다 선지가 시리예 사바하 (三七遍)

파산게(罷散偈)

시방제불찰
十方諸佛刹

장엄실원만
莊嚴悉圓滿

원수귀정토
願須歸淨土

애념인계인
哀念忍界人

308

**해사海沙(韓貞美)**

동국대학교 문화예술대학원에서 한국음악전공 석사학위를,
동방문화대학원대학교에서 불교의례전공 박사학위를 받았다.
동방불교대학 교수와 옥천범음대학교 교수를 역임하였다.
현재 동국대학교 강사. 동방문화대학원대학교 불교문예연구소
연구원으로 있으며, 무형문화재 제50호 영산재 이수자이다.
저서로『불상점안의식 연구』, 논문으로「불교의식의 作法舞 연구」,
「佛像點眼時 點筆法에 대한 研究」,「佛像點眼儀式에 관한 研究」,
「佛像點眼의식문의 변천과정」등이 있다.

# 점안의식집

**초판 1쇄 인쇄** 2015년 6월 15일 | **초판 1쇄 발행** 2015년 6월 25일
**편집** 해사 | **펴낸이** 김시열
**펴낸곳** 도서출판 운주사

(136-034) 서울시 성북구 동소문로 67-1 성심빌딩 3층
**전화** (02) 926-8361 | **팩스** 0505-115-8361
ISBN 978-89-5746-429-8  93220    값 30,000원
http://cafe.daum.net/unjubooks 〈다음카페: 도서출판 운주사〉